普天之下・盡是好書

普天出版家族
Popular Press Family

凌雲文創
A-Plus Creative Company

用幽默的心情，看待讓自己氣不停的事情

幽默的人，不會用壞情緒處理問題

Resolve embarrassment
with humor

塞德娜 編著

作家塞萬提斯在《唐吉訶德》中說：

「負面情緒的最大效果就是教你感覺錯亂，動不動就胡亂發怒。」

確實如此，負面情緒總是讓人失去原本應有的理智，做出錯誤的判斷和衝動的行為。受到情緒綁架的人總是自以為是，欠缺理性思考的能力，容易讓偏執和怒氣遮蔽了他們的心靈和眼睛，只知道怒氣沖沖批評別人的缺失，卻察覺不出自己的謬誤。

幽默的人，不會動不動就用負面情緒來解決問題，而是會用幽默的心情來看待讓自己氣不停的事情。

•出版序•

幽默的人，不會用壞情緒處理問題

幽默的力量，能讓人面對謾罵、詆譭與侮辱時，毫髮不損地保全自己，使得那原本高高在上的對方陷入比自己更難堪的窘境。

俄國文豪托爾斯泰曾經說過：「憤怒或許對別人有害，但是，憤怒時受傷最深的其實是你自己。」

一個成熟、有智慧的人，不會動不動就用負面情緒來解決問題，而是會用幽默的心情來代替憤怒，用幽默的方式來表達自己的意思。面對那些讓自己氣不停的事情，與其宣洩負面情緒，還不如想辦法讓自己保持愉悅的心情。

日常生活中，有時候我們會受到一些不懷好意的人取笑、嘲諷甚至侮辱。這種時候，暴跳如雷，破口大罵，不僅於事無補，還會顯得自己沒有涵養，讓旁人看笑話。假如能適時幽默回擊，既可以迅速擺脫窘境，又能夠顯示自己的文化修養和人格魅力。

你可以順著對方的話往下說，讓情況向著有利於自己的方向發展。這種幽默方式的應用需要很強的應變能力，能當場做出即時反應，順著對方的話語反將一軍。

德國大詩人海涅有著猶太人血統，因此在交際場合上常常遭到一些大日耳曼民族主義者的無端侮辱和詆譭。

在一個晚會上，一位心懷鬼胎的旅行家想藉機讓海涅當眾出糗，故作神秘地說：「你知道嗎？我最近去了塔希提小島，令我驚訝的是，這個島上竟然沒有猶太人和驢子！」

海涅看了看旅行家，神情自若地說：「那有什麼好大驚小怪的？只要你和我一起到那個島上去，就可以彌補這個缺憾了！」

「驢子」在德國南方語言中，有暗指「傻瓜、笨蛋」的含意。面對身為猶太人的海涅，將「猶太人和驢子」並稱，無疑是一天侮辱，可是海涅沒有對他破口大罵，只把這種並稱換上「你我」，一下子就把旅行家和驢子畫上等號。

這位旅行家本意是取笑海涅的猶太人身份，結果海涅順水推舟，諷刺旅行家就是島上所缺少的驢子。整個談話過程中，海涅沒有使用一句髒話，卻讓對方十分難堪，可謂是順水推舟的較高境界了。

蕭伯納的劇本《武器與人》首演獲得成功，許多觀眾在謝幕之時要求蕭伯納上台與大家見見面。可是，當蕭伯納走上舞台時，突然有一個人大叫道：「蕭伯納，你的劇本糟透了，回去吧，停演吧！」

蕭伯納聽到喊聲，一點也不生氣，反而向那個人深深鞠躬，彬彬有禮地說：「我的朋友，你說得好，我完全同意你的意見。遺憾的是，我們兩個人反對這麼多觀眾有什麼用呢？我們能禁止這個劇本的演出嗎？」

一番妙語引起全場的笑聲，那個故意尋釁的人見狀，灰溜溜地走掉了。

可以設想，蕭伯納如果正面反擊發難者的詆毀只會自損形象，於是，聰明的他避其鋒芒，又是鞠躬，又是誇讚說得好，突然話鋒一轉，抓住對方一人發難孤掌難鳴的要害，與其他人熱情捧場、要求再演形成鮮明對照，幽默而犀利地反擊了對方。

所謂順水推舟，就是把握對方的意圖和要害，表面上因勢順從，實際上，是以四兩撥千斤的手法，出其不意地殺一記回馬槍，在對方暗自欣喜的境況下當頭一棒。日常生活中，有的人常會利用自己優勢和別人的弱點，製造一些難題或荒謬，用來炫耀自己，詆毀別人。這時，幽默就是還擊的最佳武器。

一位闊太太牽著哈巴狗上街，見到衣衫破爛的小乞丐，存心想拿他開心取樂，就對他說：「只要你對我的狗喊一聲爸，我就賞給你一塊大洋。」

小乞丐說：「喊一聲給一塊，要是喊十聲呢？」

「那就給十塊。」闊太太不假思索地答道。

小乞丐躬下身去，順著狗毛輕輕撫摸，畢恭畢敬地喊了聲：「爸！」

闊太太樂不可支地笑了一陣，真的給了小乞丐一塊大洋。小乞丐又連續喊了十聲「爸」，闊太太又賞了他九塊大洋。

這時，周圍擠滿了看熱鬧的人。小乞丐收妥了十塊大洋後，笑瞇瞇地向闊太太點了點頭，然後故意提高嗓音，用同樣畢恭畢敬的口吻對闊太太喊了一聲：「謝謝您，媽！」

圍觀的人大笑不止，闊太太則面紅耳赤。

小乞丐用幽默的手段回敬了闊太太的羞辱，實在是太高明了。這就是幽默的力量，能讓人面對謾罵、詆譭與侮辱時，毫髮不損地保全自己。

聰明的小乞丐運用的正是「順水推舟」的方法，使得原本高高在上的對方陷入比自己更難堪的窘境，而自己的機智、幽默又得以顯露出來。

法國文豪巴爾札克曾寫道：「因為情緒而行事，只會莽撞草率地毀壞自己，應該讓心情冷靜下來，讓自己的頭腦更清醒。」

使我們感到憤怒、懊惱、忌恨的，通常都只是一些芝麻細事，而且冷靜之後往往讓自己後悔不已。如果不能妥善運用智慧控制自己的情緒，使自己成爲生活的主人，那麼人就會被情緒綁架，淪爲情緒的奴隸。

心理學家說，人的心理狀態不斷影響著生理狀態，開朗豁達的人會用樂觀的思緒看待問題，至於消極、悲觀和無法掌控自己情緒的人，最後就只能任由負面情緒左右，失去理性和冷靜。

活在複雜多變的社會，很難事事都順心如意，因此我們生活的周遭充斥著消極的思緒和負面的情緒。抱怨、指責、嫉妒、仇恨、惡意中傷……這些「情緒炸彈」如果任意投擲，經常演變成傷人傷己的下場。

如果不想讓自己的心情隨著周遭的人事物起伏，就必須讓自己幽默一點，做情緒的主人，用愉悅的心情面對各種讓自己忿忿不平的際遇。

• 本書是《別讓壞情緒綁架你》全新修訂本，謹此說明

【出版序】用幽默的心情，面對那些讓自己氣不停的事情

PART 1 遭到攻擊，別急著生氣

借用對方的語言回敬對方，或是利用對方語言中的漏洞，將對方的攻擊一一反彈回去，經常會令對方啞口無言。

遭到攻擊，別急著生氣 022
運用諷刺性的幽默強力反擊 027
面對惡言惡語，要巧妙反擊 031
面對詰難，要懂得隨機應變 036
試著用機智代替發怒 041
巧妙運用幽默的說話藝術 045
答非所問，也是一門學問 049

PART 2

用幽默的方法，回應對方的說法

以反問幽默法反問詰難，後發製人，這一種有效折服對方的方法，往往能收到意料之外的奇特效果。

面對談判，一定要有幽默感 054
用幽默的方式，讓雙方取得共識 058
幽默的人最受人歡迎 061
用輕鬆的方式巧妙說「不」 066
用幽默的方法，回應對方的說法 071
尋找適當角度，點出對方的謬誤 075
用幽默化解彼此的尷尬 081

PART 3

多點幽默感，更能表達你的觀點

想要回敬對方之時，該如何用幽默的方式製造效果呢？必須掌握現場情境，並且具備風趣機智的幽默感，幽默效果會顯得更加強烈。

用幽默的言詞表達自己的意思　086
用詼諧的語氣化解怒氣　090
運用雙關語加深寓意　095
多點幽默感，更能表達你的觀點　100
用誇張的方法，表達你的想法　105
幽默感可以讓事態往好的方向發展　109
用幽默的話語推銷自己　113

PART 4

靈活運用說話技巧，成效會更好

轉個彎說話，不必明說也能讓人得到啟發，不必點破也能讓人聯想到問題的核心，這些正是聰明人解決問題最常用的技巧。

活用幽默，才能讓人伸出援手 118
設身處地思考，爭執自然減少 122
冷靜處事，才能減少爭執 126
動腦多一點，問題少一點 130
靈活運用說話技巧，成效會更好 134
學會保護，才不會受人欺負 138
少點庸人自擾，生活自然美好 142

PART 5

運用幽默智慧化解誤會

人際溝通其實一點也不難，只要我們不情緒化，能理性並寬容對人，那麼所有人都會是人際溝通的高手。

運用幽默智慧化解誤會 148
情緒失控只會讓事情更加嚴重 152
小事糊塗看淡，大事聰明看待 156
亂開玩笑，後果難以預料 160
不切實際，只會增加壓力 165
想解決問題，就要簡化難題 168
藉口無法掩飾逃避的念頭 171
態度謙卑，讓事情圓滿解決 175

PART 6

與其口是心非，不如機智應對

不必口是心非說假話，也不必昧著良心編謊話，當脾氣或真實感受不能直接表示出來時，不妨轉個彎，或是借物比喻。

不是針對，只是讓人明白自己不對 180

多一分誠意，少一分對立 184

與其口是心非，不如機智應對 189

喜歡賣弄，小心惹來嘲諷 193

過度迷糊，人生難有出路 196

惡習必須改進，生活避免陷入困境 200

坦然面對錯誤，人生腳步自然無誤 205

PART 7

要真心相對，不要針鋒相對

對人要少一點針對，生活要少一點歧視和算計，少一點針對性的玩笑，相信你的人際關係從此會變得精采富足。

說聲「對不起」也是一種勇氣 210
心機越少，感情越好 214
多說好話，就可以減少摩擦 218
多點正向思考，才不會時常求饒 222
要真心相對，不要針鋒相對 226
貪圖利益，機會將跟著失去 230
時時懷著感恩的心 234

PART 8

別讓幽默變成荒謬

做人當然要幽默，但是自以為是的幽默，往往使自己的說詞變得荒謬。想要展現幽默化解尷尬之前，先想想自己編的理由是不是天方夜譚！

不要讓負面情緒左右自己 240
用幽默面對挫折，避免重蹈覆轍 244
再多幽默，也掩飾不了犯錯 248
別讓幽默變成荒謬 252
只要問心無愧，人言並不足畏 256
心情放輕鬆，就能展開幽默作風 259
多一點正面思考，便少一分煩惱 262

PART 9

用幽默的態度看待惱人的小事

恩怨情仇皆是生活中的小事，想擁有一段幸福圓滿的人生，就該幽默以對，別再讓生活中的小事困住自己。

別把藝術看得太嚴肅 268
搞不清楚狀況，最好少講話 271
用幽默的態度看待惱人的小事 274
幽默，讓學習積極活潑 277
多引導，才能使孩子多思考 281
知道錯誤，更要知道錯在何處 285
話說得巧，效果會更好 288

PART 10

別用情緒處理事情

幽默一點，別再用情緒解題，也別輕忽了態度的重要，因為這些都是人們評斷的重要依據，稍有偏差，便難得敬重與肯定。

面對八卦，聰明人不多話 292
再多掩飾也無法取代真實 296
別用情緒處理事情 299
主動出擊，機會才會屬於你 303
看見藏在腦海裡的卓越創意 306
享受付出，請先懂得給予 310
冷靜，才能走出困境 313

PART 11

懂得幽默回敬，才算真正聰明

處世要能多元運用，待人接物也要能多變通，畢竟人是多樣的，面對不同的人，要有不同的對待方式。

身段柔軟並不丟臉 318
多用微笑，應對進退更美妙 322
適度諷刺不肯付出的人 327
懂得幽默回敬，才算真正聰明 330
用幽默的方式表達自己的意思 333
幽默將兩性距離更拉進 336
不要讓真話變成傷心話 339

PART 12

愛說大話，小心自打嘴巴

不管是在什麼情況下，都要知道有幾分本事才說幾分話，不管是否為了因應壓力或機會需要，待人處世都應該要實實在在。

學會聆聽，尊重不同的聲音 344
各退一步，心裡更舒服 348
愛說大話，小心自打嘴巴 351
用幽默的態度讓對方心服口服 355
童言童語常常是幽默妙語 358
孩子們的未來決定於現在 362
欺騙自己，傷人又傷己 365

輯1.

遭到攻擊，別急著生氣

借用對方的語言回敬對方，
或是利用對方語言中的漏洞，
將對方的攻擊一一反彈回去，
經常會令對方啞口無言。

遭到攻擊，別急著生氣

借用對方的語言回敬對方，或是利用對方語言中的漏洞，將對方的攻擊一一反彈回去，經常會令對方啞口無言。

古羅馬思想家西塞羅曾經寫道：「人拋棄理智，就要受感情的支配，脆弱的感情氾濫到不可收拾，就像一艘船不小心駛入深海，找不著停泊處。」

確實如此，當你遭遇讓自己生氣的問題時，千萬不能帶著仇恨、憤怒、指責等負面情緒因應，而要試著讓自己幽默一點，做情緒的主人，用愉悅的心情面對各種讓自己氣不停的事情。

日常生活中，我們可以透過借力使力的方式，巧妙地利用對方的話語來爲自己服務，這就是所謂的「借別人的梯子，登自己的樓」。這種方法大多用於應對攻擊性的話語。

當對方對你進行嘲諷、侮辱時，你可以抓住話語中的某個破綻，順著對方的邏輯推演下去，從而得出一個令對方無地自容的自然結論。

這樣既能使自己脫離困境，又能給對方有力的回擊。

下面就是一個典型的借力使力的例子。

兩個貴族青年騎著馬在路上趾高氣揚地走著，迎面走來了一位駝背的老婦人，手裡牽著兩匹瘦骨嶙峋的小驢子。

兩位年輕人諷刺地向老婦人「問候」：「早安，驢媽媽。」

「早安，我的孩子們！」面對惡意奚落，老婦人不以為忤，笑嘻嘻地答道。

老婦人巧妙借用對方話中的「驢媽媽」這個詞語，平和而又幽默地回擊了兩個貴族青年的羞辱，在和緩的氣氛中，既維護了自己的尊嚴，也教訓了兩個高傲的貴族青年。

現實生活中，我們經常會掉進和別人爭輸贏的陷阱。不管自己有理無理，都非要爭贏不可，結果常鬧到不可收拾的地步。

有些人確實很過分，非得好好教訓一番不可。但是，你有沒有想過，當你把自己搞得怒氣衝天，把雙方都搞得水火不容，最後你真的「贏」了嗎？

那麼，該怎麼辦，難道要逆來順受？

不，正好相反，遇到這種人，當然不能忍氣吞聲，而是要罵人罵得很有氣質，活用「借力使力」的方法，用簡單的一句話，就把整個情勢逆轉。

其實，早在二千年前，希臘的大哲學家戴奧真尼斯就曾「借力使力」，輕鬆幽默地打敗惡人。

有一天，一名禿頭男子攔住戴奧真尼斯，惡聲說道：「你這個老傢伙，成天言不及義地空談些理論有什麼屁用！」

戴奧真尼斯並不以為意，笑著說道：「我倒是很羨慕你的頭髮呢！」

「怎麼說呢？」禿子男子大惑不解。

「多麼機靈聰明的頭髮啊，竟然知道要早一點告別你的那顆腦袋！」

戴奧真尼斯正是將禿頭男子射過來的飛鏢轉變成自己的武器，再悉數奉還，在詼諧機智中置對方於尷尬之地。

借力使力的關鍵就在於「借」和「使」兩個字上。首先要善於從別人的話語中發現可借之物，再表達出乎對方意料的意思。

「借力使力」的要訣就像柔道一樣，巧妙利用對方攻擊的力量予以還擊。

有一次，馬克吐溫和一個經常批評他文章的評論家相遇。馬克吐溫很有禮貌地向他點頭問候：「很高興看到你。」

評論家仰著頭，神氣地答道：「很遺憾，我一點都不覺得高興。」

「那你可以學學我呀！」馬克吐溫笑了笑，說道：「說說謊嘛！」

馬克吐溫的妙語既諷刺了對方的無禮，又表明了自己剛才的話其實是「謊言」，在談笑中回敬了對方。

當別人對你出言不遜，你不必生氣，也不用急著反唇相譏，借用對方的語言來回敬對方，或是利用對方語言中的漏洞，將對方的攻擊一一反彈回去，經常會令對方啞口無言。

運用諷刺性的幽默強力反擊

運用反諷幽默時，要善於抓住對方的一句話、一個比喻、一個結論，把他所說的攻擊性、侮辱性的惡語悉數奉還給他。

在人際交往中，總有一些居心叵測的人喜愛對他人進行攻擊，使別人處於狼狽的境地。在這種情況下，如果你不知所措，或者表現得十分憤怒，就正好中了對方的詭計，難以從遭受侮辱的境地超脫。

實際上，在這種時候巧妙運用幽默語言，透過諷刺進行反擊才是最恰當的選擇。受到那些心懷不軌的人蓄意侮辱時，許多具有幽默感的名人正是運用了諷刺性的方法回擊，既維護了自己的尊嚴，也讓對方知難而退。

大戲劇家蕭伯納在劇作中經常揭露資本家的醜惡面目，因此資本家們都對他恨得牙癢癢的。

某次，有個資本家企圖在大庭廣眾之中羞辱蕭伯納，揮著手大聲地說：「大家都說，偉大的戲劇家都是白癡。」

蕭伯納笑了笑，隨即回道：「先生，我看你就是最偉大的戲劇家！」

資本家十分尷尬，沒想到蕭伯納會這樣回敬他。

蕭伯納正是運用諷刺的幽默強力回擊，維護了自己的尊嚴。

諷刺性的幽默，就是針對他人的侮辱，毫不留情地反擊，而且反擊的詞語兼具幽默和諷刺性。

有天，國王舉行盛大晚宴，賜給每位賓客一套華麗貴重的衣服，但輪到阿凡提時，國王卻賜給他一塊披在毛驢背上的麻布。

眾賓客哈哈大笑，等著看阿凡提出糗。只見阿凡提恭恭敬敬地從國王手裡接過麻布，再三向國王道謝後，轉身對著眾賓客大聲說：「各位貴客們！國王賜給你們的衣服雖然是綾羅綢緞，卻都是從市面上買來的。但你們瞧瞧，國王竟然把自己的王袍賞賜了我，可見他是多麼看重我呀！」

國王沒有佔到便宜，又想出一個主意，一手抱著一隻捲毛哈巴狗，一手摸著翹鬍子，洋洋得意地對阿凡提說：「阿凡提，我把這隻我最喜歡的哈巴狗交給你，你必須好好地照顧牠，就像照顧你最喜歡的親生孩子一樣！」

「是的，陛下。」阿凡提把狗摟在懷裡，輕輕地撫摸著捲捲的狗毛，畢恭畢敬地對國王說：「我一定會像恭敬服侍陛下您一樣恭敬地照顧牠！」

國王原本是想借機貶損一下阿凡提，讓他在眾人面前出糗，沒想到阿凡提卻順勢反諷。

運用反諷幽默時，要善於抓住對方的一句話、一個比喻、一個結論，把他所說的攻擊性、侮辱性的惡語悉數奉還給他。

俄羅斯著名的丑角演員尼古拉，某次演出幕間休息時，一個傲慢無禮的觀眾走到他的身旁，語含譏諷地問說：「丑角先生，你一定非常受到觀眾的歡迎吧？」

「還好。」尼古拉禮貌地回答。

「想受到觀眾歡迎，丑角是不是必須有一張看起來愚蠢而又醜陋的臉呢？」

「確實如此。」尼古拉含笑回答說：「如果我能具有一張像先生你那樣的臉蛋，肯定能拿到雙倍的薪水。」

這位傲慢的觀眾把尼古拉受歡迎的原因與他的長相扯到一起，並惡意加以詆毀，尼古拉卻巧妙地順著話語反擊，譏諷著對方長得比自己還要醜上一倍。

受到別人的侮辱時，適度地反擊是必要的，但是反擊也要注意方式。直截了當地進行反駁，有時候反而收不到好效果，運用諷刺性的幽默，則可以針對他人的侮辱強力反擊。而且在這些語言中，除了諷刺之外，又不失幽默的調侃意味，可以從容化解對方的攻擊。

面對惡言惡語，要巧妙反擊

用幽默的方式罵人，比直接罵人要含蓄得多，卻更有力量。正因為含蓄，才可以把一些不便出口的罵人字眼包含在其中。

幽默貴在收斂攻擊的鋒芒，但在特殊況下，尤其是在極其卑劣的人面前，或者面對可忍的事情，如果不強力回擊，非但顯得軟弱無能，缺乏正義感，而且將導致對方更加囂張地進攻。

在這種況下，必須以牙還牙，以眼還眼。還擊的鋒芒越是銳化，越是淋漓盡致，越有效果。

著名詩人惠特曼經常在公開場合遭到攻訐，也總是以特有的略帶攻擊性的幽默進行還擊。這種反戈一擊的幽默，讓他在群眾中的影響力更大。

有一次，惠特曼在一個大會上演說，話語詼諧幽默，鋒芒畢露，鏗鏘有力，獲得了在場聽眾陣陣掌聲。忽然，台下有人大喊道：「惠特曼先生，你講的笑話我聽不懂！」

「莫非你是長頸鹿！」那個人話音剛落，惠特曼便感歎地回道：「只有長頸鹿才可能星期一被割傷了腳，到星期日才能感覺到疼痛！」

不少觀眾都竊笑起來。

「我應當提醒你，惠特曼先生，」那位觀眾不依不饒，來到台前嚷道：「拿破崙說過句名言：『從偉大到可笑，只有一步之遙！』」

「不錯！」惠特曼用手指著那個人說：「從偉大到可笑，只有一步之遙。」

最後，那位觀眾在大家的嘲笑聲中狼狽地走出了會場。

他人的指責和非難，往往出乎我們的意料，總是如暴風雨般突然來襲，意圖在我們沒有準備的時候將我們打倒。這時，就應該像惠特曼，絕對不含糊地給對方最致命的反擊。

反戈一擊的幽默以後發制人爲特點。

一八五九年，達爾文提出生物進化論後，赫胥黎竭力支持和宣傳進化論，與宗教勢力展開了激烈的論戰。為了保衛達爾文學說，他甚至宣稱自己是「達爾文的鬥犬」。

在倫敦的一次辯論會上，宗教領袖看到赫胥黎步入會場，便罵道：「當心，這隻狗又來了！」

赫胥黎立刻加以反擊，輕蔑地說：「是啊，盜賊最害怕嗅覺靈敏的獵犬。」

面對惡言惡語，赫胥黎沒有迴避對方的罵語，而是巧妙地運用「盜賊怕獵犬」這一常理，攻擊對方是「盜賊」，收到理想的反擊效果。

用幽默的方式罵人，比直接罵人要含蓄得多，卻更有力量。正因爲含蓄，才可以把一些不便出口的罵人字眼包含在其中。

有一次，一位衣冠楚楚的英國商人看到俄國科學家羅蒙諾索夫的衣服上有一個破洞，便指著那裡挖苦地說：「在這個破洞裡，我看到了你的聰明才智。」

羅蒙諾索夫聽了，毫不客氣地回敬說：「先生，從這個破洞裡，我卻看到了你的愚蠢。」

英國商人想藉衣服的破洞來貶損羅蒙諾索夫，無疑表露了他傲慢和無知。羅蒙諾索夫正是抓住了這點，隨機應變選擇了與聰明相對的詞語「愚蠢」，準確地回敬了對方。

一九二四年，柯立芝競選美國總統時，他的對手詰問說：「你一無所長，到底有哪樣比我強？」

柯立芝只是淡淡一笑：「我其實跟閣下差不多，閣下的優點，我全有！我的缺點，閣下也都具備！」

幽默的反擊方式有一個特殊規律，即反擊的性質不由自身決定，而由發動攻擊的對方決定。如果對方所用的語言是侮辱性的，那麼反擊也是侮辱性的。如果對方所用的語言帶著幾分譏諷，反擊自然也就會帶上幾分譏諷。如果對方的言語是調笑性質，反擊同樣也是調笑性質。

面對詰難，要懂得隨機應變

遇到不便於直接回答的問題，或者暗含侮辱的詰難時，倘若應對不當，常常會使人陷於難堪的境地。這個時候，機變仿答便成了必不可少的武器。

眞正成熟睿智的人，既不會被自己的情緒擺佈，也不會用情緒勒索別人，他們會冷靜而理性地面對問題。遭遇不懷好意的挑釁，或是言語攻擊，他們也懂得運用機智代替暴怒。

根據對方問題的方式、方法或語言形式，隨機應變來構思自己的回答，是他們常手的回應方式。

一般說來，這種方法多被用於一些特殊的場合，尤其是對話場景中。在這些場合中，或者出現了不便於直接回答的問題，或者出現了別有用心的議論，或者出現了暗含侮辱的詰難……倘若應對不當，常常會使人陷於難堪的境地。這個時候，模仿對方的說話方式，會發揮一些特殊的作用。

有一天，丹麥童話大作家安徒生跟往常一樣，戴著一頂破舊的帽子在街上散步。有一個戴著新帽子的富豪見狀，嘲笑他說：「你腦袋上面的那個破玩意是什麼？能算是帽子嗎？」

安徒生立刻依樣畫葫蘆，回敬道：「你的帽子底下的那個破玩意是什麼？能算是腦袋嗎？」

安徒生的回答既諷刺了富豪的頭腦簡單和無理，又顯得幽默風趣，這種幽默正是仿答。

「仿答」的關鍵點在於「仿」字，要掌握這種方法，必須先掌握如何模仿。

最常見的是在思考方法上的模仿。當對方用某種方法分析事物或提出問題時，模仿他的方法回答問題。

美國解放黑奴運動時期，主張廢除奴隸的菲利普斯到各地巡迴演說。

有次，菲利普斯遇到一個堅決反對廢除奴隸的肯塔基州牧師。牧師詰問說：「你要解放奴隸，是嗎？」

菲利普斯：「是的，我主張解放奴隸。」

牧師：「那麼，你為什麼只在北方宣傳？幹嘛不敢去肯塔基州試試？」

菲利浦斯反問道：「你是牧師，對嗎？」

牧師：「是的，我是牧師。」

菲利普斯接著問：「你正設法拯救靈魂是嗎？」

牧師：「當然，那是我的責任。」

菲利普斯：「那麼，你為什麼不去地獄試試呢？」

這個例子中，菲利普斯根據牧師的思維方法「南方奴隸多，應該去南方宣傳」的詰難進行仿答，回應「地獄靈魂多，爲何不去地獄」。這樣的回答簡明有力，讓對方語塞。

形成仿答的另一種方法是在語言形式上進行模仿，既在形式上模仿對方的語句結構，又有效地抓住對方語言中的漏洞進行反唇相譏。

在課堂上，女教師提問：「不自由毋寧死，這句名言最早出自誰之口？知道的請舉手。」

過了好大一會兒，才有個學生用不大流利的英語回答：「一七七五年，巴特利克・亨利說的。」

「對！同學們，剛才回答問題的是位日本學生，你們生長在美國卻回答不出來，多麼令人遺憾啊！」

「把日本人幹掉！」教室裡突然發出一聲怪叫。

「誰！這是誰說的！」女教師氣得滿臉通紅。

沉默了好一會兒，有人答道：「一九四五年，杜魯門總統說的。」

這位同學模仿日本同學做了回答，產生了幽默效果。

模仿對方的說話方式，可以把原本生硬、無味的語言變得詼諧幽默、意趣橫生，但這種方式運用時，一定要注意選對場合，才能夠收到良好的幽默效果。

試著用機智代替發怒

對於故意尋釁的敵人和尖酸刻薄的語言，我們一定要學會恰當地反擊，而不能一味地忍讓，讓小人得意。

現實生活中，難免會碰到一些無理取鬧的人，這時候就算你一通怒火，大罵對方一頓，對方還是會振振有詞，自己反倒氣得手腳發顫。

那麼，應該怎樣說話，才能反擊無理取鬧的行爲，使得對方覺得理虧詞窮呢？面對不講理的人，一定要控制自己的情緒，然後冷靜考慮對策，從中選出最佳方案，一出擊就使對方啞口無言。

當然，反擊不適當的言行不宜鋒芒太露，透過旁敲側擊、指桑罵槐，既可讓無理取鬧的人無言以對，也能表現自己的涵養與氣量，是更爲有利的反擊方式。

有個名叫比爾的人嘴尖舌薄，常常愚弄他人。一天早上，比爾坐在門口吃麵包，看見一個老人騎著毛驢從不遠處走了過來，便朝他喊道：「喂，吃塊麵包吧！」

老人出於禮貌，從驢背上跳了下來，說道：「謝謝你的好意，我已經吃過早飯了。」

不料，比爾卻一本正經地說：「我可沒問你呀，我問的是毛驢。」說完，很得意地一笑。

對於比爾的無禮侮辱，老人並未氣憤，反倒抓住比爾「我和毛驢說話」的語言破綻，巧妙地進行反擊。

老人猛然地轉過身，啪！啪！照準毛驢臉上就是兩巴掌，罵道：「出門時我就問你城裡有沒有朋友，你斬釘截鐵地說沒有。既然沒有朋友，為什麼會有人要請你吃麵包呢？」

罵完，翻身上驢，揚長而去。

老人藉教訓毛驢，來嘲弄比爾和毛驢是同類，幽默地反擊了比爾的挑釁。

在社交場合中，我們可能會遭到他人的故意刁難，這時我們不妨像故事中的老人一樣，採用「指桑罵槐」的方法予以反擊，透過罵其他事物而達到罵敵的目的。

有一個鄉下人進了城，遇到了一個驕妄的城裡人。城裡人想把鄉下人戲耍一番，故意問道：「老鄉，請問你有幾個令尊？」

鄉下人知道對方正在戲弄自己，就故作不知，反問：「令尊是什麼？」

城裡人得意了，心想這個鄉下人果然好耍弄，於是就進一步戲弄他說：「令尊就是兒子的意思啊！」

鄉下人隨即接上城裡人的話說：「喔，我明白了，那麼請問你有幾個令尊？」

城裡人沒想到鄉下人竟會問出這樣的話來，一時間竟不知如何回答。

鄉下人見狀，故意做出關心的樣子，安慰他說：「原來你竟沒有兒子啊！我倒是有兩個兒子，可以把其中的一個過繼給你當令尊，你意下如何？」

鄉下人面對城裡人的挑釁，沒有惱羞成怒，沒有畏縮退避，而是借力使力，漂亮地反擊，維護了自己的尊嚴。

對於故意尋釁的敵人和尖酸刻薄的語言，我們一定要學會恰當地反擊，不能一味地忍讓，讓小人得意。爲人兼有軟硬兩手，才是處世自保的眞理。

巧妙運用幽默的說話藝術

用含蓄言詞表達反駁的意思，綿裡藏針，而人尋味，具有以柔克剛的效果，往往讓挑釁者搬起石頭砸自己腳。

大作家魯迅說：「用玩笑來對付敵人，自然是一種好戰法，但觸著之處，需是對手的致命傷。『幽默』或『玩笑』，也都要生出結果來的。」

確實如此，不動聲色、綿裡藏針地製造幽默，可說是反擊他人挑釁的有效手段之一。

我們先來看看馬克吐溫是如何使用這種方法來做出反擊的。

馬克吐溫去拜訪法國名人波蓋，交談過程，波蓋用不屑的口吻取笑美國歷史很短，「美國人沒事的時候，往往愛想念他的祖先，可是一想到他的祖父那一代，便不得不停止了。」

聽到這話，馬克吐溫心裡當然很不是滋味，但是他並沒有直接反擊波蓋的取笑，而是用風趣詼諧的語句回敬說：「當法國人沒事的時候，總是盡力想找出究竟誰是他的父親。」

面對波蓋的諷刺，馬克吐溫順著對方的話語，調侃法國人沒事的時候，總是盡力想找出究竟誰是他的父親，這一反擊很有力度，而且罵人不帶髒字，讓人拍案叫絕。

維特門是哈佛大學畢業的著名律師，當選為州議員。有一次，他穿了鄉下人的服裝到了波士頓的某旅館，一群紳士淑女在大廳裡看到了，便嘲弄他。

維特門對他們說：「女士們，先生們，請允許我祝福你們愉快和健康。在這前進的時代裡，難道你們不可以變得更有教養、更聰明嗎？你們僅從我的衣服看我，不免看錯了人，因為同樣的原因，我還以為你們是紳士淑女呢。看來，我們都看錯了。」

維特門採用的也是如同馬克吐溫般的幽默，巧妙地封住了敵人的嘴。

綿裡藏針法，是用比較和緩的語氣和態度，表達出尖銳諷刺的語言藝術。使用這種方法時，要注意多用委婉的詞語，輕軟如綿，至於綿裡所藏的「針」不但得夠尖夠硬，還要不露痕跡扎得又狠又準。

只有一針擊中對方的要害，讓對方刺痛，才能使他有所顧忌，知難而退。

綿裡藏針的幽默一般都是自衛型的，當對方向你發起「攻擊」時，才給予「軟硬兼施」的還擊。

日本江戶時代有一位相當出名的藝妓加賀千代女，曲、歌、舞、才藝俱佳。

一次，一位貴族邀請她到府裡表演。府裡的女傭們都知道千代女是鼎鼎有名的人物，便擠在一起想偷偷一睹她的芳容，沒想到，看到的卻是一個長相很醜而且身材矮胖的女人，全都大失所望。

當千代女要離開時，有個女傭就在背後指指點點，大聲譏諷說：「我還以為今天能看見個大美人呢，沒想到竟是個醜八怪。她能成為有名的藝妓可真奇怪呀，早知道我就不到廚房幹活了，去當藝妓賣醜還能出名呢！」

千代女聽了之後，微笑著回敬道：「雖有一抱之粗，但柳樹依然是柳樹。」

加賀千代女的反擊貌似溫和，其實蘊涵著批評和嘲笑，讓對方自慚形穢，卻又無法發作。意思是，柳樹再醜，但仍舊可用之「材」；至於妳們，終究只是拿來燒火用的「柴」。

千代女巧妙地運用幽默的說話藝術，擺脫了尷尬的場面。

綿裡藏針，話裡藏話，有有兩個基本要點：一是能聽出對方的弦外之音，惡毒之意；二是要委婉含蓄地表達自己，把話說得很藝術，又讓人心領神會，明白你話中的鋒芒所在。

答非所問，也是一門學問

活在現代社會，每個人都背負著責任和壓力，遇到不想回答或無法回答的問題，不妨運用「答非所問」的幽默技巧，巧妙扭轉不利於己的局勢。

在交際場合中，難免會碰到一些不便回答、不想回答或很難回答的問題，若是選擇緘口不言或用「無可奉告」搪塞，很可能讓對方留下不良觀感。這種時候，不妨故意誤解、曲解對方的本意，然後採用「答非所問」的方法側面應對，這樣就可化讓對方明白你不想談論這個話題，又不傷彼此和氣。

答非所問的幽默方法，是指故意不直接回答對方提問，僅在形式上回應對方問話，幽默地表達潛在意圖。

某天，有個很愛纏人的先生遇到了名作家小仲馬，立即纏住他，問道：「你最近在做些什麼？」

小仲馬淡淡一笑，平靜地答道：「難道你沒看見？我正在蓄絡腮鬍子。」

那位先生問的是小仲馬最近做了哪些重要的事情，小仲馬當然懂得對方問話的意思，但如果直言「無可奉告」不免傷了和氣，於是便來個答非所問，用幽默的話語暗示那位先生：不要再繼續糾纏了，我不想告訴你。

答非所問很講究技巧，說話之時要先抓住表面上某種形式上的關聯，不著痕跡地閃避實質層面，出其不意地跳出被動局面的困擾。

葡萄牙國王卡洛斯一世有一次到英國拜訪，行程將結束時，英國國王愛德華七世問他：「英國哪些方面給你留下的印象最為深刻？」

卡洛斯一世不加思索地回答：「烤牛排。」

愛德華七世有點失望，又問道：「還有什麼沒有？」

卡洛斯一世沉思了一下，然後回答說：「哦，煮牛排也相當不錯。」

愛德華七世的問話中的「哪些方面」，一聽就知道指的是政治、軍事、經濟、文化……等等方面，卡洛斯當然不會不明白對方的意圖，卻故意顧左右而言他，以「牛排」加以回應，擺明了不想回答問題。

利用答非所問製造幽默效果時，關鍵在於回答一定要巧妙，不協調感越是明顯，製造的幽默效果也越強烈。

活在現代社會中，生活步調緊湊忙亂，每個人都背負著一定的責任和壓力，很容易陷入社交的困境中。遇到不想回答或無法回答的問題，不妨運用「答非所問」的幽默技巧，巧妙扭轉不利於己的局勢。

輯2.

用幽默的方法，回應對方的說法

以反問幽默法反問詰難，後發制人，
這一種有效折服對方的方法，
往往能收到意料之外的奇特效果。

面對談判，一定要有幽默感

幽默的心理能使你在談判時保持情緒良好、充滿自信、思路清晰、判斷準確，使自己在各種談判中進退自如、左右逢源。

作家塞萬提斯在《唐吉訶德》中說：「負面情緒的最大效果就是教你感覺錯亂，動不動就胡亂發怒。」

確實如此，負面情緒總是讓人失去原本應有的理智，做出錯誤的判斷和衝動的行爲。受到情緒綁架的人總是自以爲是，欠缺理性思考的能力，容易讓偏執和怒氣遮蔽他們的心靈和眼睛，只知道怒氣沖沖批評別人的缺失，卻察覺不出自己的謬誤。

這種被負面情緒綁架的狀態，絕對不利於交涉、談判。

一般人總認爲，談判是很莊重、嚴肅的對話。其實，談判中運用幽默技巧，可以緩和緊張局面，營造出友好和諧的氣氛，也能縮短雙方的心理距離。

第一次世界大戰後，歐洲局勢仍未穩定，經濟發展疲弱。這段時期，法國政治家白里安為維護國際間的和平與合作，穿梭於各國之間，進行了大量的外交工作。

一九二六年九月，白里安和德國政治家斯特萊斯曼就戰爭善後問題舉行了一系列會談，兩人也因此獲得了當年的諾貝爾和平獎。

為了避開外界的干擾，妥善處理戰後賠款事宜，白里安與斯特萊斯曼特別選擇了法國汝拉省一處小鄉村進行會談。在小鄉村的飯店裡共進午餐後，兩位政治家為了付帳而爭起來。

最後，白里安站起來說：「不用爭了，我來付飯錢，你來付賠款。」

幽默的心理往往能讓人保持情緒良好，充滿自信、思路清晰、判斷準確，遇到險阻時化危機爲轉機。

要想使自己在各種談判中進退自如、左右逢源，一定要有一些幽默感。

有時候，幽默感更可以使棘手的商業談判友好地畫上一個圓滿的句點。

有段時期，蘇聯與挪威曾經就購買鯡魚進行了長時間的談判。深知貿易談判訣竅的挪威人，把價格開得出奇的高，雖然蘇聯的談判代表努力討價還價，挪威方面就是堅持不讓步。

談判進行了一輪又一輪，代表換了一個又一個，還是沒有結果。為了解決貿易難題，蘇聯政府最後指派知名的女談判高手柯倫泰為全權貿易代表。

柯倫泰面對挪威人報出的高價，針鋒相對地還了一個極低的價格，談判如以往一樣，陷入了僵局。

挪威人根本不在乎談判陷入僵局，因為他們知道，蘇聯人想要吃鯡魚，就非得找他們買不可。

相對的，柯倫泰拖不起也讓不起，而且還非成功不可。

最後，柯倫泰兩手一攤，對挪威人說：「好吧！我同意你們提出的價格。如果我的政府不同意這個價格，那我願意用自己的薪資來支付差額。不過，先說好，這必須分期付款。」

挪威代表一聽，忍不住發笑，終於同意將鮭魚的價格降到合理價位。

柯倫泰運用幽默的方法，出色地完成了前幾任代表歷盡千辛萬苦也未能完成的工作。

這個例子說明，幽默能將針尖對麥芒的商業談判氣氛沖淡，讓人不再斤斤計較，退一步海闊天空。

沒有幽默感的人，談起話來如同嚼蠟，只會讓人感覺十分彆扭，有時更會由於雙方都只看著自己眼前的小利益互不讓步，而使談判或交易陷入尷尬的境地。

用幽默的方式，讓雙方取得共識

幽默在外交韜略的運用上，也是不可或缺的重要手段，能減少彼此之間緊張對立的情緒，使雙方都獲得較滿意的結果。

眾所皆知，出色的外交官通常都是幽默高手，在陣陣歡笑聲中，盡顯他們的外交韜略和幽默風采。

在外交場合，難免有些不懷好意的人會惡意中傷和造謠誹謗，如果處理不好，就會落入對方的圈套；如果置若罔聞，則會令對方變本加厲。這個時候，唯有透過幽默的方式，給對方「敲山震虎」的威懾作用，才能免除自己深受其害，也時還能化敵爲友，加深感情。

一九八八年七月二十二日，日本前首相中曾根與蘇聯總書記戈巴契夫舉行日蘇雙邊會談。

戈巴契夫說：「據說，在日本居然有人說，今後只要日本持續不斷地增強經濟力量，蘇聯便會乖乖屈服於日本的經濟合作。殊不知，這是大錯特錯的，蘇聯絕不屈服。」

中曾根反駁道：「儘管如此，兩國加深交流也是重要的，阻撓兩國關係發展的，正是北方領土問題……我畢業於東京大學法律系，你出自莫斯科大學法律系。我們都是法律系的畢業生，理應瞭解國際法、條約和聯合聲明是何物，國際上都承認日本的主張是正確的。」

戈巴契夫笑容可掬地答道：「我法律沒學好，所以變成了政治家。」

戈巴契夫的一句俏皮話，使緊張的氣氛得到緩解，談判得以繼續進行。

幽默在外交韜略的運用上，也是不可或缺的重要手段，能減少談判雙方緊張對立的情緒，使彼此在融洽的氛圍中進行友好協商，獲得雙方都滿意的結果。

在外交談判中，由於雙方代表各自國家的利益，很難輕易做出讓步，必然經歷一番唇槍舌劍的苦鬥，有時甚至到了劍拔弩張的地步。這時，若有其中一方代表適時說幾句幽默話語，讓大家莞爾一笑，緊張的氣氛就容易化解。

只要雙方都從戒備的心理狀態下解脫，焦點就不再集中於勝負，而是轉移到讓問題獲得妥善解決，這樣雙方就能夠繼續洽談下去，最後達成共識。

幽默的人最受人歡迎

朋友是社交中最寶貴的財富，學會巧妙地運用幽默的口才，可以在人際交往時增添情趣，讓你在朋友中間更受歡迎。

誰都希望能有幾個具有情趣的朋友，來增添自己的生活樂趣。與幽默的人交談，往往能讓人感到愉悅。

人都渴望輕鬆和歡樂，誰也不願意讓自己被沉悶、枯燥的廢話圍困，與知己好友相處時，幽默風趣的言談是雙方能否持續交流的關鍵。如果每次相見時都能夠說說笑笑，甚至幽默地彼此調侃一番，友誼自然更加深厚。

愛爾蘭作家蕭伯納與英國作家賈斯特頓交情深厚。蕭伯納個子很高，但卻十分削瘦，而賈斯特頓則是既高大又壯實，兩人站在一起，對比特別鮮明。

有一次，蕭伯納想拿賈斯特頓的肥胖開玩笑，便對他說：「要是我像你那麼胖，一定會去上吊。」

賈斯特頓笑了笑，回說：「要是我想上吊，一定用你做上吊的繩子。」

朋友間的幽默話題很多，過去的趣事、將來的打算、工作上的得意與挫折、家庭中的歡樂與煩惱……都可隨意取做幽默的題材。幽默的交流方式能使更爲親密融洽，交往變得更富情趣，獲得更多的感情慰藉和心靈愉悅。

佛印和尚和蘇東坡交往頗深，兩人經常一起遊山玩水，吟詩作對，而且兩人都幽默機智，經常互開玩笑。

有次，蘇東坡對佛印說：「古詩中常把『僧』和『鳥』作為一對，比如『鳥宿池邊樹，僧敲月下門』，還有『時聞啄木鳥，疑是叩門僧』。」

佛印知道蘇東坡在挖苦他和鳥是同類，於是回敬道：「今天我這個僧人正好和你成一對。」

說完，兩人會心地哈哈大笑。

另一次，蘇東坡正準備吃最喜愛的紅燒酥骨魚時，從窗戶望見佛印來了，就將魚藏到書架頂上，想和他開個玩笑。這一切早被佛印看在眼裡，但他卻佯裝不知，一進門就向蘇東坡請教「蘇」字的寫法。

蘇東坡感到納悶，佛印怎可能不會寫「蘇」字？不知對方葫蘆裡賣的是什麼藥，蘇東坡便隨口說：「蘇字這樣寫，上面草字頭，底下左邊一個……」哎呀，不好！蘇東坡立刻意識到情況不妙，但也只能繼續說下去，「左邊一個『魚』字，右邊一個『禾』字。」

「魚字能否放在右邊呢？」佛印問。

「也有這種寫法。」蘇東坡回答說。

「那麼，如果把『魚』擱在上面呢？」

「那可不行。」蘇東坡脫口而出。

佛印這時得意地指著書架，「既然魚擱在上面不行，那就拿下來待客吧！」直到這個時候，蘇東坡才知自己中計了。這個小插曲讓兩人相視一笑，開懷暢飲起來。

蘇東坡與佛印所開的玩笑，顯示出好朋友之間親密的深厚情誼，並透著學識、聰慧和雅趣。

可見，知己好友間的玩笑、戲謔，不僅可以增添情趣，還能加深彼此間的默契，增加彼此的信任度。

小仲馬是法國著名劇作家及小說家，有次，一個好朋友所寫的劇本要在劇場上演，邀請小仲馬同去觀看。小仲馬對這齣戲實在不感興趣，無聊至極的他於是轉過身去，面向觀眾，嘴裡還不停地唸著：「一個，兩個，三個……」

「你在幹什麼？」朋友好奇地問道。

「我在替你數數看有幾個人在打瞌睡。」小仲馬風趣地說。

不久，小仲馬親自改編的劇本《茶花女》公演，兩人又一同去觀賞。這次，換成朋友頻頻回頭搜尋打瞌睡的人，找來找去，居然還真被他找到了一個。於是，他帶著譏諷的口吻對小仲馬說：「親愛的小仲馬，今晚也有人打瞌睡呀！」

小仲馬朝著朋友所指的方向望了一下，說道：「怎麼，你不認識這個人了嗎？他正是上次看你的戲時睡著的，想不到至今還沒有睡醒。」

朋友之間並不需要虛假的客套，小仲馬對朋友開的玩笑儘管諷刺意味十足，但朋友並未把這種玩笑放在心上，還因爲互相打趣嘲諷，增進彼此間的情誼。

朋友是社交中最寶貴的財富，良好的人際關係能讓我們更快獲得成功。學會巧妙地運用幽默的口才，可以在人際交往時增添情趣，讓你在朋友中間更受歡迎。

用輕鬆的方式巧妙說「不」

必須拒絕別人的時候，試著用些詼諧、幽默的語言委婉風趣地說「不」，不僅更容易被人接受和理解，還能幫助自己獲得更多的友誼。

現實生活中，拒絕別人是一件相當爲難，卻又無法迴避的事。

被人拒絕的確不是件好受的事，原本滿懷期待，卻被一個「不」字硬生生地擋了回來，這是多麼令人沮喪的事啊！

著名心理學家傑達拉多認爲，人之所以會產生攻擊的行爲，是因爲慾望追求不能得到滿足。如果我們遇到需要否定的場合，就連聲說「不」，不僅表現了我們的淺薄幼稚，而且還有可能破壞人際關係。

那麼，是否有一種兩全其美的方法，既不會傷害別人的面子，還可以巧妙地拒

絕別人呢？

答案是肯定的。許多名人、偉人都善於運用特別的「語言武器」巧妙地拒絕別人，這種「語言武器」便是「幽默」。

以幽默的語言拒絕自己難以接受的要求，不僅可以堅守自己的原則，還能夠保全別人的面子，避免使對方陷入難堪。同時，又可以營造出輕鬆愉快的氣氛，消解對方被拒絕的不快。

用幽默的方式拒絕別人，有時可以故作神秘、深沉，然後突然點破。

美國總統富蘭克林．羅斯福擔任海軍助理部長時，有個朋友向他打聽海軍是不是計劃在加勒比海的一座小島上建立潛艇基地。

對於這個不能外洩的軍事機密，即使是好朋友也不能說，但若直接拒絕的話又會使得朋友很沒面子，該怎麼拒絕才好呢？

羅斯福想了想，故意向四周掃視一圈，然後靠近好友，低聲問道：「你能保守這個秘密嗎？」

好友以為羅斯福準備告訴他真相了，馬上點頭保證說：「當然能！」

羅斯福則坐正了身子，微笑著說：「那我也能。」

風趣幽默的話語，既能讓朋友有個台階下，不至於讓對方產生抗拒心理，也能堅守自己的原則。

在這段對話裡，羅斯福採用的是委婉含蓄的拒絕方法，而且在拒絕中充滿輕鬆幽默，既不至於使朋友難堪，也堅守不能洩漏秘密的原則。

這樣的拒絕方式取得了極好的效果，甚至在羅斯福去世多年以後，這位老朋友還心情愉快地談及這段軼事。

拒絕別人的話用幽默的方式表達出來，可以在拒絕別人的同時，讓別人愉快地接受，不至於對友誼產生不良的影響。

義大利音樂家羅西尼生於一七九二年二月二十九日，因為每四年才有一個閏年，等他過第十八個生日時，已七十二歲了。

生日的前一天，有朋友來告訴羅西尼，說他們已募集了兩萬法郎，準備要為他立一座雕像。

羅西尼聽了之後笑著說：「不如你們給我這筆錢，我自己站在那裡好了！」

羅西尼雖然不同意朋友們的做法，但並沒有正面回絕，而是幽默地回應，含蓄地指出朋友的做法太浪費錢財。

有時候，我們還可以用假設的方法，開玩笑地虛擬出一個可能的結果，從而製造幽默的後果。這樣，不僅不會引起不快，反而可以給對方一定的啓發。

英國著名女舞蹈家鄧肯非常仰慕蕭伯納的才華，寫了一封熱情洋溢的情書給他。情書中寫道：「親愛的蕭伯納先生，如果我倆能結婚並生孩子，孩子有著和你一樣的腦袋，和我一樣的容貌，那該多麼美妙啊！」

蕭伯納看完信後，很委婉而又很幽默地回了她一封信，除了表示自己受寵若驚，還說：「依我看，那個孩子的運氣也有可能不會那麼好，假如他有著我這樣的容貌和妳那樣的腦袋，豈不糟糕了嗎？」

蕭伯納不愧是舉世公認的幽默大師，機智地把自我調侃和諷喻他人結合在一起了，讓鄧肯知難而退。

幽默的拒絕技巧展現了一個人靈活交際的能力，有助於處理好人與人之間的關係。必須拒絕別人的時候，不妨試著用些詼諧、幽默的語言委婉地說「不」，不僅更容易被人接受和理解，還能幫助自己獲得更多的友誼。

用幽默的方法，回應對方的說法

以反問幽默法反問詰難，後發制人，這一種有效折服對方的方法，往往能收到意料之外的奇特效果。

反問式的回應，就是針對對方思想、觀點中的破綻，提出針鋒相對的問題。由於這類問題的提出往往出人意料，容易產生強烈的效果。

俄國著名作家赫爾岑應朋友邀請，出席一場家庭音樂會，但音樂會上所演奏的樂曲卻使他倒盡胃口，便用雙手捂住耳朵，打起瞌睡了。

女主人對赫爾岑的舉動頗為不滿，就問他說：「你不喜歡音樂嗎？」

赫爾岑搖了搖頭，指著演奏者說：「這些低級庸俗的音樂使人厭煩。」

女主人驚叫起來，對赫爾岑說：「你說什麼呀?這裡演奏的可都是現在流行的音樂呀！」

赫爾岑平心靜氣地反問說：「難道流行的東西，就都是高尚的嗎？」

女主人很不服氣地說：「不高尚的東西怎麼會流行呢？」

赫爾岑微微一笑，風趣地問說：「那麼，流行性感冒一定也很高尚囉！」

女主人啞口無言。

類似這樣的反問，往往能收到意料之外的奇特效果。

以幽默的方法反問，後發制人，是一種有效折服對方的方法，不妨多加學習並巧妙加以應用。

瓦里希和奧利格一起坐火車要去莫斯科，列車長看到瓦里希座位上方的行李架上有個巨大的木箱，就對他說：「先生，這個箱子必須拿去辦理托運，如果你不遵守規定，只好請你把箱子從窗戶扔出去。」

瓦里希堅決地表示：「我不能把這個箱子扔掉，也不會去辦理托運。」

兩人因此事吵了起來，最後列車長只好把警察叫來。

警察大聲對瓦里希叫道：「要嘛去辦理托運手續，要嘛把它扔出窗戶！」

瓦里希還是說：「不！」

警察發怒道：「為什麼？」

「因為它不是我的！」

大家都吃了一驚：「那麼它是誰的呢？」

「是我的朋友奧利格的。」

列車長和警察一起轉過身來，衝著奧利格大叫道：「大家吵了這麼久，你為什麼無動於衷？」

奧利格反問道：「剛才你們誰問我了？」

大家爭吵了半天，最後問題落到奧利格身上，本來應該由他來承擔一切責任，不料他卻來了一句反問，便把責任推卸得一乾二淨了！

反問幽默法不同於反唇相譏，似乎只是隨隨便便的一句問話或者脫口而出的一個玩笑，卻會產生輕鬆自如、發人深省的幽默效果。

遇到讓自己不舒服的情況，或是面對爭議，千萬不要動氣，要學會用反問的說話方式展現幽默，爲自己的生活加一點色彩。

尋找適當角度，點出對方的謬誤

用以謬制謬的方法來反駁他人，既能迂迴達到自己的目的，又能製造出幽默的氛圍，讓對方口服心服接受你的觀點。

日常交際中，面對他人的謬論，如果我們一本正經地擺事實、講道理，多費口舌不說，倘若碰到蠻不講理的人，還可能胡攪蠻纏、大講歪理。

此時，最爲可取的方法是，先「默認」對方的謬論，然後再以此爲前提，用同樣荒謬的言論予以反擊。這樣做，既能反駁對方的觀點，又可以展現幽默感，讓對方醒悟自己的荒謬。

法國大文豪伏爾泰有天出遊回家後，因鞋子沾了許多污泥，便吩咐小僕人儒塞夫把它擦乾淨。

隔天，伏爾泰又要出門，吩咐儒塞夫去把他的鞋子拿來。

儒塞夫趕忙殷勤地把鞋拿來給伏爾泰，伏爾泰一看，鞋子仍然佈滿昨天出門時沾到的泥跡，便問儒塞夫說：「你怎麼沒把它擦乾淨呢？」

「用不著，先生。」儒塞夫平靜地回答：「路上滿是泥濘，兩個小時以後，你的鞋不也要和現在一樣髒了嗎？」

伏爾泰微笑著穿上鞋，一聲不吭地走了出去。過了不久，儒塞夫在他身後跑步追了上來說：「先生，等一下！鑰匙呢？」

「鑰匙？」

「對，擺放食物的櫥櫃的鑰匙。我還要吃午飯呢！」

「我的朋友，吃什麼午飯呢？兩個小時後，你不也將和現在一樣餓嗎？」伏爾泰說道。

小僕人沒有擦鞋，伏爾泰並沒有懲罰、責罵他，而是在他索討櫥櫃的鑰匙時，用輕鬆的回應方式突顯他的荒謬。

從心理學上來講，以謬制謬是一種精心設計的心理過程，明知對方的說法和做法是荒謬的，但並不點破，在恰當的時機透過同樣的邏輯回擊對方，使他在不知不覺中明白自己的荒謬。

一個小男孩去麵包店買了一個二十塊錢的麵包，發現麵包比平時要小很多，於是對老闆說：「你不覺得這麵包比平時要小嗎？」

「哦！那不要緊，這樣你拿起來不就方便多了？」顯然，老闆是在詭辯。

對此，小男孩沒有爭辯，只給老闆十塊錢就走出麵包店。

老闆趕緊大聲喊：「喂！你沒有給夠錢啊！」

「哦，不要緊。」小男孩不慌不忙回答：「這樣你數起來不就方便多了？」

針對麵包店老闆的荒謬言論，小男孩先假設對方觀點是合理的，然後加以引申，推倒對方的觀點，使對方啞口無言。

運用「以謬制謬」時，應注意發現對方的謬誤，聽出對方的話中含義，然後再尋找適當的角度，進行有力的反擊。

詭辯家歐布里德向鄰居借了一筆錢，過了很長時間仍不肯歸還，鄰居於是登門討債。

歐布里德厚顏無恥地說：「不錯，我是向你借過一筆錢，但是你要知道，借錢的我乃是過去的我，不是現在的我，你應當去找過去的我要錢呀！」

鄰居一聽，火冒三丈，拿起棍子把歐布里德狠狠地修理了一頓。歐布里德惱羞成怒，拉著鄰居要去告官。

鄰居笑道：「不錯，我是打了你。不過，正如你剛才所說，打你的我乃是先前的我，不是此時的我，你應當去找先前的我去告官呀！」

歐布里德無可奈何地垂下了頭。

對於歐布里德的詭辯，聰明的鄰居順著他的邏輯，以其人之道還治其人之身，自然暴露他的荒謬論點。

兩個鄉下財主在村頭談話，農夫老田見了，向他們打了個招呼就走開了。

忽然，其中一個瘦一點的財主喊道：「老田，站住！」

老田站住了，對匆匆趕來的瘦財主說：「你有什麼事啊？」

瘦財主喘了喘氣說：「你打斷了我們的話把子，得賠五石穀子，折合洋錢五十塊，必須三日內付清。」

老田回到家裡，愁眉苦臉，茶飯不進。他的妻子問怎麼了，老田照實說了。

老田的妻子就說：「這有什麼可怕的？到時由我對付！」

到了第三天，老田的妻子叫老田照常上山打柴，自己則在門口等著。

瘦財主來了，劈頭就問：「你家老田呢？」

老田的妻子不慌不忙地回答說：「喔，他上山挖旋風的根去了。」

瘦財主一聽，喝道：「胡說，旋風怎麼還有根？」

老田的妻子反問：「那麼，話還有把子嗎？」

瘦財主無言以對，只得灰溜溜地走了。

瘦財主以打斷話把子爲由進行敲詐，要求老田賠償，這是極其荒謬的。因此，老田的妻子就來個以謬制謬，給出一個同樣荒謬的回答，使對方搬石頭砸自己的腳，荒謬論點自然不攻自破了。

用以謬制謬的方法來反駁他人，既能迂迴達到自己的目的，又能製造出幽默的氛圍，讓對方口服心服接受你的觀點。

用幽默化解彼此的尷尬

令人難堪的事實已經發生，過分掩飾只會弄巧成拙，變得越發尷尬，而運用輕鬆的語言幽默以對，卻可以活躍氣氛，消除尷尬。

人難免會碰到尷尬的情形，有時是由於自己不小心說錯話做錯事，有時是因爲別人的誤解。

你會不會忽然想起某件往事，並覺得有些懊惱：「哎呀！我當時怎麼會那樣說、那麼做？」

這是因爲當時沒有好好處理那件事，以至於尷尬的情景留存心間。假如當時你能夠動動腦筋，適時幽默一下，問題或許就能迎刃而解。

當有人在你面前不小心做錯事或說錯話，覺得很難爲情，你會怎麼處理？

令人難堪的事實已經發生，過分掩飾只會弄巧成拙，變得越發尷尬，相對的，運用輕鬆的語言幽默以對，卻可以活絡氣氛，消除尷尬。

有個女孩第一次帶男友回家見父母。男友見到女孩的父母時非常緊張，一顆心七上不八下，竟然沒有看到正在腳邊團團轉的小狗，一不小心踩到了小狗尾巴，疼得牠吠個不停。

「哎呀！對不起，對不起！」他很尷尬，不斷對小狗道歉。女孩的父母見到這種情形，連忙笑著安慰他說：「沒關係，誰叫牠尾巴的顏色和地毯一樣呢？只能怪牠不好。」

時常站在別人的立場，爲別人設想的人，當然就能讓產生好感，這是培養良好人際關係的第一步。

如果別人一時沒留意，讓你很尷尬，你怎麼緩和氣氛？

有些人說話不經大腦，時常把氣氛搞僵，讓大家都很尷尬，如果不立即處理，讓尷尬的情況繼續下去，往往會傷感情。這個時候該怎麼辦？

有位女子顯然是馬路三寶之一，車子東一處落漆，西一個刮痕，車身凹凸不平，簡直傷痕累累。

這天，她把車子開進修車廠，一進門就對著師傅嚷嚷：「師傅，我的車子前幾天才花錢修好，怎麼今天一大早，要花費好大一番工夫，才能把它開出家門呢？」

修車廠的師傅看了看車子，然後笑著對她說：「也許它覺得難為情，不肯出來見人吧。」

女子看看自己的車子，很不好意思地笑了起來。

每個人對事物的認知不同，有時候，你明明是一番好意，但卻讓人誤會了，弄得大家很尷尬，這時候你會怎麼做？

其實，只要適時運用一些詼諧風趣的幽默語言，就可以讓大家從尷尬的情境中解脫。

有位老校工每次在打掃女生宿舍的時候，都會大聲吹口哨，用意是在提醒女生們他來打掃了，免得出現尷尬事件。

可是，有個女生覺得老校工的口哨聲干擾了她讀書，很不高興地抗議，請他以後不要再吹口哨。

老校工沒說什麼，向她道歉之後，就不再吹了。

有一天，老校工正在打掃的時候，這個女生忽然包著條大毛巾由浴室走出來。她見到正低頭默默打掃的老校工，一時尷尬得不知該怎麼辦。

這位老校工連頭也沒抬，幽默地問她：「我以後可以吹口哨嗎？」

有些誤會越解釋越糟糕，如果自己眞的理直氣壯，還不如讓對方得到個教訓，讓眞理自動說話。

但是，不管遭遇什麼情況，總要顧全對方的面子。這個時候，用幽默來化解對方的尷尬，應該是最好的做法。

輯3.

多點幽默感，更能表達你的觀點

想要回敬對方之時，
該如何用幽默的方式製造效果呢？
必須掌握現場情境，
並且具備風趣機智的幽默感，
幽默效果會顯得更加強烈。

用幽默的言詞表達自己的意思

語言幽默在人際交往具有緩衝作用，通常當你以輕鬆幽默的方式把話說出後，對方也會很知趣地懂得你所要傳達的含意。

與人互動時，難免會遇到一些做法和觀點不妥當的狀況，此時若直截了當地把心中的不滿說出來，可能就會影響彼此之間的感情，若是不說，自己又覺得很難受。這種時候，使用幽默的語言無疑是解決問題的最好手段。

如朋友相互請客，聚在一起吃飯、喝酒是常事，也是樂事，但若碰上小氣的朋友，沒有心計的人直言批評，定然會將樂事變成惱人之事，大家也會不歡而散，甚至從此不相往來。但是，具有幽默感的人，則會用幽默的言詞表達自己的意思。

一家主人用藕梢招待客人，卻把又粗又長的大段蓮藕留在廚房裡。

客人看出主人沒有誠意，故意說道：「我過去讀詩時，曾讀過這樣的詩句：『太華峰頭王井蓮，開花十里藕如船。』當時我還懷疑怎麼會有這麼長的藕，今天總算相信了。」

主人問道：「什麼原因？」

客人笑著答道：「你看，藕梢已經到桌上了，藕身卻還在廚房裡。」

客人表面假裝糊塗，幽默地諷刺主人的虛偽，比起直接批評主人小氣，氣氛較不至於弄僵。

主人請了一位客人來家裡吃飯，客人酒足飯飽之後仍不想告辭。主人終於忍不住了，指著樹上的一隻鳥對客人說：「最後一道菜這樣安排好了，我砍倒這棵樹，抓住這隻鳥，再添點酒，現煮現吃，你看怎樣？」

客人答道：「只怕你還沒砍倒這棵樹，鳥早就飛跑了。」

「不，不會的！」主人說：「那是隻笨鳥，不知道什麼時候該離開。」

相信再笨的人也會明白主人在說什麼了。

我們周圍有許多人總是口無遮攔，魯莽直率地暢所欲言，而且還認爲這是待人眞誠的表現，是個性的一種象徵。

在他們看來，那些迂迴的表達方式和人際交往中常用的辭令，都是虛僞的表現。他們信奉「有什麼就說什麼」，不必拐彎抹角。

然而，正是由於他們不善於審時度勢，直言直語的說話方式，經常把事情搞得一團糟，也經常使自己和別人處於極其尷尬的境地。

儘管坦誠是一種美德，但大多數人還是希望與機智幽默的人交往。

英國思想家培根說：「善談者必善幽默。」

這是因爲幽默的魅力在於話不明白直說，卻能讓人透過含蓄的表達方式心領會。

在一次新聞記者會上，美國總統艾森豪對記者們說：「大家都知道，我不是一個善於言詞的人。小時候，我曾經去拜訪過一個農夫，我問他說：『你的母牛是不是純種的？』他說不知道。我又問：『這頭牛每星期可以擠出多少牛奶呢？』他也說不知道。最後，他被問煩了，就說：『你問的我都不知道，反正這頭牛很老實，只要有奶，牠都會給你。』」

艾森豪笑了笑，接著說道：「我也像那頭牛一樣老實，有新聞，一定都會告訴大家。」

這幾句話讓在場眾人哄堂大笑。

艾森豪這番話語其實是兜著圈子告訴記者，你們不要沒事就緊追著我問問題，有新聞我會主動告訴你們的。

語言幽默在人際交往具有緩衝作用，會讓原本困難的交往變得順利起來，讓對方在比較舒適融洽的氣氛氛中領悟自己的本意。而且，通常當你像艾森豪一樣，以輕鬆幽默的方式把話說出後，對方也會很知趣地懂得你所要傳達的含意。

用詼諧的語氣化解怒氣

幽默有著神奇的力量，具有幽默感的人很有親和力，可以化解許多人際關係中的衝突或尷尬情境，是展現人格魅力的有效手段。

在日常生活和工作場合中，難免會有一些令人不快的事發生，破壞平和的心情。這時，千萬別被情緒綁架，你可以選擇用幽默的方式搞定惱人的事情。

幽默是化解怒氣的最好方法，最大的效用就是把對方的怒容變成笑臉，把對方的罵聲化爲笑聲。

活用幽默，可以使處於憤怒中的人，在微笑中緩解怒氣。

在美國麻州州議會上，議員們輪番上陣發表自己對時政的意見。正當一位議員在台上滔滔不絕地演說時，有一位議員覺得對方講太久了，就走過去輕聲說：「先生，你佔用的時間太長了，能不能快點……」

台上那位議員的發言被打斷，十分不悅，用不客氣的口吻對他說：「無禮的傢伙，你最好趕快出去！」說罷，又自顧自地繼續演說。

這位議員感覺受到了嚴重侮辱，怒火中燒，急於教訓、懲治侮辱他的人，可是一時間又找不到恰當的方法。於是，他就跑去向主席柯立芝訴說自己的委屈，請求柯立芝主持公道。

不料，柯立芝的做法，卻出乎這位議員意料。柯立芝用幽默的口吻說：「我剛才翻看了議事規則，在當時的情況下，你不必出去。」

這位議員聽了以後，覺得自己的行為也有不當之處，便向剛才那位議員表示歉意，雙方握手言和。

柯立芝的回應，顯然十分明智，不但沒有使雙方的矛盾進一步激化，同時也令自己避開了這種無意義的爭吵。

具有幽默感的人不會使自己陷入別人的爭吵漩渦中，往往會以幽默的語言來化解他人的怒氣，使爭吵的雙方化干戈爲玉帛。

在一家百貨公司裡，一位女顧客憤怒地對櫃檯小姐說：「幸好我沒有指望在妳這裡得到優質的服務，也沒打算在妳身上發現禮貌，因為妳根本不是一個合格的售貨員。」

櫃檯小姐氣憤地回答：「我從沒見過像妳這麼挑剔的顧客，既然不想買東西，就不要耽誤我的時間。」

旁邊一位老婦人目睹了事件過程，走到櫃檯前，客氣地對櫃檯小姐說：「小姐，這裡賣『吵架』嗎？」

櫃檯小姐一聽便笑了，那位女顧客也對老婦人說：「對不起，打擾你買東西了。」說罷轉身離開了。

遇到這種情況時，相信大多數人會本著幸災樂禍的心態在一旁看熱鬧，倘若我們也能像那位老婦人一樣，用幽默的方式來化解別人的衝突與怒氣，不但可以展現自己的人格魅力，還能得到別人的讚許，這對於擴大人際關係百利而無一害。

人是群居性動物，相互間總要往來接觸，說話便是接觸、溝通的橋樑。但眾所周知，舌頭是一把利劍，一不小心，就會把氣氛搞得很緊張，把小事變成大事。

如果我們能在這種危急的情況中，發揮幽默的效用，就能調和談話氣氛，建立良好的人際關係。

美國作家魯特克在《幽默人生》一書中指出：「在人生的各種際遇中，幽默是人際關係的潤滑劑。它以善意的微笑代替抱怨，避免爭吵，使你與他人的關係變得更有意義。它能幫助你把許多不可能發生的事變為現實，它比笑更有深度，效果遠遠勝過咧嘴一笑。總之，幽默是一切奮發向上必不可少的動力。」

幽默在某些情形下會產生神奇的效果。

人與人之間，當發生誤會、摩擦、矛盾時，只有那些缺乏幽默的人才會被負面情緒綁架，把事情弄得越來越僵；具有幽默感的人則不同，能機敏地運用幽默消除誤會，使摩擦減小，使矛盾和緩。

幽默有著神奇的力量，具有幽默感的人很有親和力，可以化解許多人際關係中的衝突或尷尬情境。

幽默是展現人格魅力的有效手段，不但能突顯一個人的處世能力，還可以擴大人際關係網。

運用雙關語加深寓意

雙關式幽默的最大妙處在於，「言在此而意在彼」，可使語言表達得含蓄委婉，生動活潑，詼諧幽默，而且能加深寓意，給人以深刻印象。

在一定的語言環境中，利用詞語的諧音或多義性，使話語同時兼有雙重含義，巧妙表達自己的意思，是常見的幽默形式。

使用雙關幽默，首先要運用一個能相容兩層意思的概念或辭彙，而且要讓這兩層意思都說得通。有的辭彙本身就具有多種含義，可以成爲雙關語的使用素材；至於某些原本並無多層含義的辭彙，在特定的語境之中，也可能產生雙關意義。

雙關語能使話語增加一層隱含的意義，如果運用得巧妙，往往就能讓自己的話語透露出趣味。

一隻猴子死後去地府報到，一見到閻羅王，就要求下輩子要投胎做人。

閻羅王說：「既然想要做人，你就得先把身上的毛拔掉。」說完，命小鬼即刻動手，將猴毛全部拔光。

誰知，小鬼才拔了一根毛，猴子就痛得哇哇大叫。

閻羅王見狀，笑著對猴子說：「看你，一毛不拔，怎能做人呢？」

這則寓言借助雙關修辭，表面上是在講猴子想要投胎做人的事情，暗地裡卻很幽默地表達了「一毛不拔，不配做人」的寓意，雖然諷刺意味十足，但卻委婉、含蓄。

清朝乾隆年間，尚書和珅與官任侍郎的大學士紀曉嵐同朝為官，一清一濁，一廉一貪，二人經常互相挖苦，互逞口舌之利。

一天，紀曉嵐到和珅家中赴宴，宴畢在後花園喝茶的時候，正好跑來一條狼狗，和珅想戲弄紀曉嵐一番，便指著那條狗問紀曉嵐：「是狼是狗？」

紀曉嵐絕頂聰明，慢條斯理地回答說：「尾巴下垂是狼，上豎是狗。」

這句妙答說得和珅啞口無言。

這裡，「侍郎」與「是狼」諧音，「尚書」與「上豎」諧音，官職與動物雙關，製造出極富幽默感的效果來。

據說，當時另有一位和珅的爪牙某御史在場。此人平日自命不凡，一直對極負盛名的紀曉嵐心懷不服，此時見主子吃了暗虧，既想討好和珅，又想賣弄一番自己的才學，於是便問紀曉嵐道：「紀侍郎可知道狼吃什麼，狗又吃什麼嗎？」

紀曉嵐心噁此人平時的狗仗人勢，笑道：「狼遇肉吃肉，狗遇屎吃屎。」

此言一出，惹得在場之人捧腹大笑。

原來，「遇屎」恰好與「御史」諧音，「御史吃屎」，使得那位御史面紅耳赤又無力還擊。

雙關式幽默的最大妙處在於，「言在此而意在彼」，可使語言表達得含蓄委

婉，生動活潑，詼諧幽默，而且能加深寓意，給人深刻印象。

雙關語所產生的幽默和諷刺效果，比平鋪直敘更濃烈，更耐人尋味。

珍妮要去加州開會，坐在機場大廳等候登機時，一個中年男子走了過來，坐在她的旁邊。

中年男子見珍妮穿一雙長統膚色絲襪，便嘻笑著搭訕說：「我叫詹森，請問妳這雙絲襪在哪裡買的？」說著，眼睛順著絲襪直往珍妮的大腿上瞧，「我想給我的妻子也買一雙。」

珍妮冷冷地看了他一眼，回道：「我勸你最好別買，穿著這種絲襪，就會有不三不四的男人找藉口跟你的妻子搭訕。」

詹森自討了個沒趣，羞紅著臉灰溜溜地走了。

這裡，珍妮就是運用了對象雙關術，表面上是勸詹森不要買絲襪，暗裡卻是罵他是個「不三不四」的人。

隱晦式的雙關語晦而不露，可以發揮譏諷的力量。

雙關語是語言智慧的火花，在日常生活中不時扮演著重要角色，幽默風趣的雙關語更發揮了無可替代的表達作用。

雙關幽默法具有很強的隱蔽性，只可意會而不能言傳。現實生活中，有時會無意間出現一些令人氣憤、尷尬的事情，如果你能根據當時的實際情景，靈活地運用雙關的語言，通常會收到出奇制勝的神奇效果。

多點幽默感，更能表達你的觀點

想要回敬對方之時，該如何用幽默的方式製造效果呢？必須掌握現場情境，並且具備風趣機智的幽默感，幽默效果會顯得更加強烈。

在言語交流中，什麼時候應該用什麼語句，詞語之間如何搭配，都必須根據語言環境來決定，否則就會影響意思的表達，貽笑大方。

但生活中，有時候不直接表述某種事物，或不直說某事某人，而用其他相關的詞語、名稱來取代，反而能產生幽默的效果。

一個年輕人經過一家珠寶店，看見女店員長得很漂亮，便想跟她搭訕。他走進店內，隨便指了一顆鑽戒問道：「這顆多少錢？」

小姐說：「十萬塊。」

年輕人驚愕地吹了一個響亮的口哨，又問說：「那顆呢？」

小姐淡淡說：「兩個口哨價！」

口哨聲當然不能作爲計價單位，但有了之前對十萬元驚愕地吹口哨的基礎，「兩個口哨價」就可以讓人理解了。

類似的對話之所以容易引人會心一笑，很大原因是源於它的不協調性，就像我們看到猴子穿著人類的服裝之時，忍不住會發笑一樣。

幽默的對話也是同樣的道理，故意用A來代替B，不但會顯得幽默且意味深長，還能讓人在開懷一笑的同時，咀嚼到機智的味道。

英國首相邱吉爾有一次到美國訪問，應邀到一家雞肉專賣店吃午餐。入座後，他很有禮貌地對老闆娘說：「可以給我來一些胸脯肉嗎？」

「邱吉爾先生，」老闆娘很認真地糾正說：「我們這裡不說『胸脯』，而是習慣稱它為『白肉』，煮不白的雞腿則稱為『黑肉』。」

第二天，老闆娘收到了邱吉爾派人送來的一朵玫瑰花和一張卡片，卡片上寫著：「如果妳願意把它別在妳的『白肉』上，我將感到莫大的榮幸。」

雞肉店的老闆娘非要把「胸脯」稱爲「白肉」，邱吉爾爲了嘲弄老闆娘的咬文嚼字，於是故意以「白肉」來代稱老闆娘的「胸脯」，詼諧的諷刺中帶了幾分幽默感，充分展現了他的聰明機智。

這樣的幽默方式固然巧妙，但有一點需要注意，就是雙方都要明白所指的事物是什麼。如果對方不明就裡，你的幽默便沒有辦法傳遞給對方，自然達不到目的。

德國大畫家阿爾道夫．門采爾是世界著名的素描大師，長得又矮小又醜陋，每當有人嘲笑他的長相時，他就會以獨特的方式進行還擊。

一天，門采爾在餐館吃飯時，進來了兩男一女三個外國人，在他旁邊的一張餐桌入坐。

門采爾抬頭一看，發現那位女性正低聲和兩個同伴交談，三個人還不時打量著自己，口中嘰嘰咕咕不知道在說些什麼。後來，那三個人用略帶歧視的眼光打量了門采爾一番，又哈哈大笑起來。

門采爾知道對方肯定是在嘲笑自己的長相，隨即取出隨身攜帶的速描本，認真地畫了起來。他一邊畫著，一邊不時望向那位女士。旁邊三個人明顯感覺到了，頓時不自在起來，尤其是那位女士，臉上紅一陣白一陣的，不知道旁邊這位長相醜陋的人想要幹什麼。

終於，其中一位男士忍不住了，站起來走向門采爾，用生硬的德語說道：「先生，你沒有經過女士的允許，怎麼就擅自畫她呢？這樣是很不禮貌的行為，你不知道嗎？」言語中透露著一絲憤怒。

「哎呀，這哪裡是一位女士啊？你自己仔細看看。」門采爾一派輕鬆地說道，並把速描本遞給了對方。

這位男士一看，連忙說著對不起，一臉窘態地回到自己的座位上。原來，門采爾畫的是一隻引頸高叫的肥鵝。

由於那個男士是外國人，不知道「鵝」在德語中是罵人的話，意思為「蠢女人」。所以，門采爾的借代只能是宣洩自己的不滿情緒，無法達到出幽默的效果。

那麼，遇到這種情況，該如何用幽默的方式製造效果呢？

一般來講，主要有兩個途徑：一是急中生智，從現成的術語中選擇；二是在交際過程中就地取材，選擇適當的詞語來完成替換，但這種方式相對要難一些，必須掌握現場情境，並且具備風趣機智的幽默感，幽默效果會顯得更加強烈。

用幽默製造效果的方法很多，只要能夠熟練運用，自然就能在各種場合中發揮作用。但是，要切記，想展現機智幽默之前，一定要分清場合和對象，才不至於弄巧成拙。

用誇張的方法，表達你的想法

對關鍵地方進行恰到好處的誇張，想像力越豐富，誇張得越離譜，反諷的意味就越濃厚，製造出來幽默效果就越令人驚歎。

有時候，用誇張的言詞也能達到幽默的效果。所謂的誇張，是故意將客觀事物無限制地擴大或縮小，造成一種極不協調的喜劇效果。

例如，作家濟斯塔東是個大胖子，面對別人的揶揄，曾風趣地說：「我比別人親切三倍，因爲我要是在公車上讓座，可以一下坐三個人。」

這樣的誇張回應手法，既展現自己的氣度，也產生出強烈的幽默效果。

誇張式幽默不是如實表述，也不是比喻，而是使用得荒誕、離奇、聳人聽聞的話語製造出「笑果」。

馬克吐溫有一次車要去一所大學講課，急匆匆趕搭火車，誰知火車開得很慢，眼看上課時間就快到了，他的內心十分著急。

當列車長過來查票時，馬克吐溫決定和他開個玩笑，發洩一下心中的怨氣，於是就對他說：「我買一張孩童票。」

列車長訝異地打量了他半天，嘲諷地說：「真有意思，看不出你還是個小孩子啊！」

馬克吐溫回答：「我現在當然已經不是小孩子了，可是我上車的時候，確實還是個小孩子。」

火車開得很慢是事實，但絕不至於慢到讓一個小孩子長成大人。馬克吐溫爲了表達不滿，把火車的緩慢程度無限制地誇張，用來回覆列車長的譏諷，產生極強的幽默效果。

與其他幽默方法相比，這種誇張式的幽默可以信手拈來，而且會有很強的諷刺效果！

因爲，這些話題與內容經過誇大渲染之後，往往變得不合常理，頗有譏諷效果。

下面這個笑話就運用了誇張的幽默手法。

兩位保險公司的業務員相互吹噓自己公司的理賠速度有多快。第一位說：「我們公司十次有九次是在意外事件發生的當天，就把支票送到受益人手裡。」

第二位笑著說：「那有什麼！我們公司在摩天大廈的二十三樓，有一天，一個保戶從四十樓跳下來，當他經過二十三樓之時，我們就把支票交給他了。」

誇張的回應方式還可以根據現有條件進行合理想像，用似是而非的邏輯理，極力誇飾變形，從而產生詼諧幽默的效果。

有一個美國人和一個英國人湊在一起吹牛。

美國人說：「我們美國人很聰明，發明了一種製作香腸的機器，這種機器很神奇，只要把一頭豬掛在機器的一邊，然後按下啟動鈕，香腸就會自動地從機器的另一邊一條一條跑出來！」

英國人一聽，不屑地回敬說：「這有什麼了不起？這種製作香腸的機器，我們老早就有了，你們美國人真是少見多怪！現在，我們已經把這種機器改進得更加神奇了！」

「怎麼個神奇法？」美國人問。

「我們這種新的香腸機器，做出來的香腸如果不符合要求，只要把香腸放在機器的一邊，然後按一下『倒轉』鈕，那麼機器的另外一邊就會跑出原來那一頭豬。」

上面笑話中，美國人的話語十分誇張，英國人則順著他的邏輯進行擴大，產生幽默效果。這是因爲英國人的話更加荒謬，幽默效果也就展現出來了。

用誇張的方法來回應對方，離不開豐富的想像力。生活中很多例子，都在於對關鍵地方進行恰到好處的誇張，想像力越豐富，誇張得越離譜，反諷的意味就越濃厚，製造出來幽默效果就越令人驚歎。

幽默感可以讓事態往好的方向發展

當進退維谷的尷尬局面出現時，運用幽默可以將事態向好的方向發展，甚至可以使自己化被動為主動，這就是幽默的力量。

爲人處世免不了會碰到一些意料之外的事，如何處理好這種窘境，是一種挑戰和考驗。應對方式不僅能從某方面折射出一個人的應急能力，更能展現一個人的內在修養和氣質。

我們不妨來欣賞一下名人們在遇到這類尷尬事情的時候，是如何運用幽默來做巧妙應對的。

有一次，美國總統雷根在白宮鋼琴演奏會上講話時，夫人南茜不小心連人帶椅跌落在台下地毯上，觀眾都發出驚叫聲。

在二百多位聽眾注視下，南茜夫人急忙靈活地爬起來，回到了台上。正在講話的雷根見夫人沒有受傷，便幽默地說：「親愛的，我不是告訴過妳，只有我沒有獲得掌聲的時候，妳才應該這樣表演。」

頓時，全場響起了熱烈的掌聲。

面對突如其來的狀況，雷根靠著機智而幽默，化解了妻子南茜和自己的尷尬，同時又活絡了會場上的氣氛，爲演奏會增添了一個小小的插曲。

有一次，作為第二次世界大戰歐洲戰場盟軍總司令的艾森豪到亞琛附近視察一支陷入困境的部隊。

艾森豪是一個天才的鼓動家，一番熱情洋溢的演講贏得了官兵們熱烈掌聲。可是，當他走下講台時，卻不慎摔倒在泥漿裡，大家哄然大笑起來。

艾森豪沒有惱怒，趕緊從泥漿裡爬起來，風趣地說：「泥漿告訴我，我這次巡

視極其成功。」

就這樣，艾森豪以輕鬆幽默感染了陷入困境的美軍官兵，讓這支部隊的士氣為之大振。

第二次世界大戰期間，英國首相邱吉爾到華盛頓會見美國總統羅斯福，要求美英聯盟共同抗擊德國法西斯，並請求美國給予物資援助。

雖然邱吉爾受到了熱情接待，被安排住進白宮，但是因為美國當時還不想捲入戰爭，使談判陷入了僵局。

一天早晨，邱吉爾正躺在浴缸裡，抽著特大號雪茄，此時門突然打開了，進來的是美國總統羅斯福。邱吉爾大腹便便，肚子露出水面。兩位世界名人在這樣的情形下碰面，實在令人尷尬。

邱吉爾扔掉了手上的雪茄，說道：「總統先生，我這個英國首相在你面前可真是一點也沒有隱瞞。」

說完，兩人哈哈大笑起來。

幽默的作用是多方面的。當進退維谷的尷尬局面出現時，運用幽默常常可以將事態向好的方向發展，甚至可以使自己化被動爲主動。

邱吉爾這句風趣幽默又一語雙關的話，不僅使雙方從尷尬的情境解脫，而且意外地打開了僵局，情勢有了戲劇性的演變。

在羅斯福總統支持下，英國終於獲得美國提供的物質援助。不久後，美國也加入了同盟國，正式對德國宣戰。

運用輕鬆的幽默話語，擺脫了讓人進退兩難的尷尬處境，並且打開事態的新局面，這就是幽默的力量。

用幽默的話語推銷自己

如果你希望自己能更受人歡迎，不妨稍微花點心思，為自己的名字設計一套幽默的介紹詞，這樣就能讓對方更容易記住你。

我們經常會詫異，爲什麼有的人那麼受歡迎，而有的人卻不受青睞？問題就出在懂不懂得用幽默的方法推銷自己。

在人際交往中，樹立自身良好的形象是非常重要的，尤其第一印象對今後的發展往往有著舉足輕重的作用。

我們與不熟悉的人第一次見面時，採取的第一個步驟通常便是介紹自己。這時，無論是主動自我介紹，還是經由他人代爲介紹，都不應該採取太冷淡或太隨便的態度。因爲，讓人留下深刻印象，正是雙方正式談話前最爲重要的第一步，適當的幽默則是實現這一目的最好的方法。

在社交場所，名字往往代表著一個人的獨特性，所以介紹自己的名字時，應該正確告訴對方名字的讀音和寫法，讓對方準確地認識。

有一位名叫「吳美金」的女士就很善於運用這種技巧，每次都能給對方留下深刻的印象。

每當自我介紹時，她都會說：「我姓吳，口天吳，美國的美，金錢的金，合稱吳美金。意思是說『我有美金』，而不是『沒有美金』，我和大家都希望美金能多多益善！」

這席話常常讓聽者莞爾，大家都對她的名字印象深刻。

幽默的應對方式可以使你更容易和別人親近，可以消除初次見面的尷尬與不安，使緊張的情緒鬆緩下來，也能使自己更受別人的歡迎。

美國政治家查爾斯・愛迪生在競選州長時，由於不想利用父親大發明家愛迪生的聲譽來抬高自己，因此自我介紹時，總是這樣解釋說：「我不想讓人認為我是在利用愛迪生的名望。我寧願讓你們知道，我只不過是我父親早期實驗的結果之一。」

如果你希望自己能更受人歡迎，就要適時地幽默一下，讓別人留下好印象，因爲每個人都喜歡與機智幽默的人做朋友，而不願意與憂鬱沉悶、呆板木訥的人交往。

因此，當你在自我介紹姓名時，不妨稍微花點心思，爲自己的名字設計一套幽默的介紹詞，這樣就能讓對方更容易記住你。

輯4.

靈活運用說話技巧，成效會更好

轉個彎說話，

不必明說也能讓人得到啟發，

不必點破也能讓人聯想到問題的核心，

這些正是聰明人解決問題最常用的技巧。

活用幽默，才能讓人伸出援手

無論在多失意的情況中，都要自己力圖振作，只要我們活用幽默，人們自然會樂於伸出援手。

有個旅人獨自一人徒步旅行到了巴黎。一路上非常順利，不論到哪個國家或城市，幸運的他都得到不少陌生人的幫助。

然而，來到巴黎時他身上原本就不多的旅費至此用罄，連填飽肚子都成了問題，更別提今晚要住的地方了。

他滿臉茫然地在巴黎街上四處遊走，眼看夜越來越深，嘆了口氣：「沒地方睡覺，這可怎麼辦？」

就在他苦悶煩惱的時候，有個打扮妖嬈的女人走近他身邊，輕挑眼眉地對他說：

「你，願不願意跟我一塊兒找個睡覺的地方呢？」

旅人一聽，心想：「我真是太幸運了，一路都有貴人幫助！」

他開心地點了點頭，直說：「當然好，謝謝妳啊！」

旅人滿心感動地跟著女郎走進一家旅館，總算舒舒服服睡個大覺了。

第二天早上，他非常滿足地醒來，還朗聲跟女郎道早安。女郎笑著回應：「早啊！那錢……」

「錢？喔，不用了！錢我是不會收的。妳慷慨地收留我一晚，已經讓我十分感激了。」旅人客氣地說。

笑看旅人涉世未深的回應，不禁讓人懷疑，他眞是眞不知情，還是有心耍賴？但無論如何，這女郎終究是陪了夫人又折兵，因爲旅人身上的錢早花光了，想逼他掏錢付這一夜住宿費，包括一夜魚歡的代價，看來是不可能的了，眞要怪，女郎也只能怪自己「不懂識人」。

然而，若再從旅人的角度思考，其實每個人都會有需要幫忙之時，只是我們該怎麼做才不至於被人們否定，被斥爲耍賴？

再舉一反例來對照參考。

一名流浪漢向房東詢問：「請問，您這裡有房間要出租是嗎？」

「是的！」房東點頭。

那流浪漢又問：「不知道，原來住在那裡的房客是個什麼樣的人呢？」

只見房東憤憤地說：「哼，是個住了大半年也付不出房租，最後被我用掃把趕出去的傢伙。」

「很好，那我願意以相同的條件和對待搬進來住，可以嗎？」流浪漢說。

「……」房東無言以對。

想當然爾，房東是不可能答應流浪漢的提議的。只是像流浪漢這樣臉皮厚的人，在這現實社會中似乎還挺多的，好像常見的假殘障，他們裝哭假殘扮可憐，還會逼著我們伸手幫助，若是拒絕了，有人還會被斥責沒有良心。

一味只想得到人們的幫助，卻不思自己該怎麼付出的人，價值觀是受人質疑的。然而，就像第一則故事中旅人的情況，任何一個人在人生路上確實會有需要接受別人幫助的時候，這時若不能丟開面子問題，若不能低頭請求，一旦挺不過難關，不過是讓自己白白犧牲罷了。

我們不妨這麼思考，無論在多失意的情況中，都要自己力圖振作，只要我們不放棄，人們自然會樂於伸出援手。

其實，求援需要的技巧不多，除了活用幽默之外，更重要的是，當我們面對困難時是否有決心突破，是否能讓人相信，他們對我們的這份幫助不會白費？

只要答案是肯定的，終有一天，他們會看見我們成功走出難關，這就是對每一個幫助過我們的人最好的回報。

設身處地思考，爭執自然減少

過分私心運用，很難有圓滿的結果，若能多替對方著想，自然不會聽見人們的埋怨否定，更不會老與人們產生心結或摩擦。

見天色已暗，英國紳士只好在這個旅遊勝地內唯一的一間賓館投宿。

「對不起，請給我一個好的房間。」紳士客氣地請求。

服務員看了看他，卻問：「你有事先訂房嗎？」

「沒有！」紳士說。

「那，很對不起，目前房間已經客滿了，無法安排。」服務員說。

紳士一聽，不悅地說：「真的沒房間了嗎？聽好了，如果我說，今晚總統臨時決定到這裡來住宿，你應該會馬上幫他準備一間客房吧？」

服務員點了點頭說：「那當然啦，他是總……」

服務員話還沒說完，紳士便插話說：「好！現在，我將非常榮幸地通知你一聲，總統今晚不會來了！所以，麻煩你把他的房間給我吧！」

這位紳士的思考邏輯眞是敏捷又獨特。順著紳士的問題反思，服務生其實已透露出「仍有空房」的情況，不是嗎？

站在商人的立場，或許這預留的動作另有用意，但面對眼前較迫切需要的人來說，這樣的預留動作便顯得有些不近人情了。

商戰場上的規矩本來就因人而易，我們很難得出公正的法則，不過，下面這個例子頗值得我們認眞思考。

村裡的婦人們正在活動中心開會，這會議已經進行了三個小時，看起來一時之間還沒法子結束。

這時，有位中年婦女忽然站了起來，然後轉身朝向門口走去，主席見狀，不悅地問：「安娜，妳要去哪裡？這會議還沒結束啊！」

安娜回頭望了望主席，也老大不高興地回答說：「我家裡有孩子呀！我得回家看一看他們。」

這理由是可以體諒，所以安娜便離開了。

之後，會議又進行了二十分鐘，這時又有位年輕的婦人站了起來。

「莎拉，妳要去哪裡啊？如果我沒記錯的話，妳家中可沒有孩子呀！」主席不滿地阻止。

莎拉先是點了點頭，然後淡淡地說：「主席，如果我一直坐在這兒，那我家又怎麼會有小孩呢？」

相似的「不近人情」，相似的爭取權利動作，男女主角都不直指對方的問題，而是轉個彎反駁，讓對方知道生活之中更迫切的問題核心，讓他們知道，不要只懂得照顧自己的權利，而忽略了別人的感受與需要。

走出故事，回想現實生活中的大小問題，類似的情況其實屢見不鮮。

不少人和主席或賓館人員一樣，只知照顧自己的需要和情緒，卻忽略甚至是剝奪了別人的利益。遇見這種狀況，就要靈活運用自己的幽默，就好像故事中莎拉的情況，開玩笑說要「回家生小孩」，也指出了會議冗長的問題，讓她浪費了不少能安排的時間？

其實，無論是經商交易或是一般人際互動，過分私心運用，很難有一個圓滿的結果，若能多替對方著想，多站在客人們的角度多作一點考量，自然不會聽見人們的埋怨否定，更不會老與人們產生心結或摩擦。

冷靜處事，才能減少爭執

人與人之間若想多一點和諧，便要多用一些智慧，也多學會控制自己的脾氣，並多學習理性處的冷靜智慧。

天空忽然下起了雨，旅行者原本想再騎著馬繼續趕路，但雨越下越大，轉眼便淋溼了他一身：「不行，還是找個地方把身子烘乾才對。」

進了城裡，他找到一間小餐館，卻見裡頭擠滿了人，當然全是為了要躲這場大雨而湧進的人潮。

旅行者想盡辦法要靠近火爐，卻始終無法如願，忽然他想到了一個絕妙好計，於是對著老闆喊道：「老闆，快拿點魚去餵我的馬！」

「馬吃魚？馬不吃魚吧！」老闆也大聲反駁回去。

但是，旅行者仍然堅持道：「你別管，照我的話去做就對了。」

店裡的人們聽見兩個人的對話無不豎起耳朵，人人好奇心大作，紛紛跑出去外面看馬怎麼吃魚。

說到這兒，你想到些什麼沒？是的，一如聰明的你所想，大家都被好奇心驅使，出去看馬吃魚，如此一來店裡就只剩下旅行者一個人啦！

他說完話後，便輕鬆閒步到火爐旁邊坐了下來，慢慢等著這火將自己溫暖烘乾。過了一會兒，老闆和那一群七嘴八舌的好事者紛紛走進屋裡，老闆還很生氣地說：「喂，你的馬又不吃魚！」

旅行者聽了，笑著說：「這樣嗎？沒關係，你把魚放在桌子上，等我把衣服烘乾了，我自己吃。」

不必與人爭鬥，也不用怒氣沖沖地提出抗議，只要動一動腦，只要用點無傷大雅的小心機，便能輕輕鬆鬆擁有自己想要的機會，又或者是保住自己的權利，就好像下面故事中士兵狄克的機智反應。

狄克正提著一瓶酒回到營地，但很不巧的是，讓他碰上了營隊裡以管理嚴苛著名的連長。果然，連長一發現他手中的酒瓶便質問：「哪裡來的酒？」

狄克見連長神色嚴厲，連忙回答說：「連長，這酒是我和上校合買的，其中有一半是屬於上校的。」

連長聽了，便說：「好，那把你那一半倒掉！」

狄克聽了，露出為難的表情：「連長，我不知道要怎麼倒，因為，我的那一半放在『上校的』下邊！」

關於這樣的答案，連長最後接不接受倒不是重點，重點是狄克靈活的反應讓人拍案叫絕。

他不與連長強烈爭執，也不故意捏造謊言，而是以退爲進，先把責任目標轉移至「上校」的身上，然後玩弄一點小聰明，把「上校」擋在自己的前面去迎戰承擔，自己則暫時躲在旁邊，等待權利緊握在手後，再開開心心地享受擁有。

從中也讓我們明白了，生活不只要有隨機應變的智慧，更要有理性解決問題的冷靜，雖然兩則故事的主角在在展現了機智的重要，但這裡最值得我們學習討論的卻不在於他們的機智，而是他們面對問題的態度。

遇到困難，遇上麻煩，除了要學會冷靜之外，更要保持理性，絕不能以情緒對付問題，好像第一則故事，如果旅人在無法靠近火堆取暖的時候，因爲寒冷與疲憊漸漸挑起壞情緒，最後除了可能與其他旅人爭吵起來之外，更有可能讓雙方因爲火氣升起而落得兩敗俱傷。

再如狄克，若不是他機警「借將」，請上校出來壓連長，那酒恐怕早被下令沒收，而他也早換得一肚子的不滿牢騷吧！

人與人之間若想多一點和諧，不讓情緒傷害了人際關係，不想再有偏執鬥爭的場面，便要多用一些智慧，也多學會控制自己的脾氣，並多學習理性處的冷靜智慧。若能如此，我們不只能爲自己建立一個成功的人際網，還能讓我們無論向哪個方向走去都無往不利！

動腦多一點，問題少一點

那些習慣等待解答的人們，在得到明確答案之後，即使機會在手，即使第一步已經成功踏出去，他們依然會走向失敗。

受洗會上，牧師輕輕將小嬰兒抱起，準備好好為這新生命祈禱祝福，但就在他準備祈福時，只見他嘴巴張開了，卻一點聲音也沒有發出來。

原來，牧師忘了嬰孩的名字，雖然拼了命的回想，卻始終都想不起來，最後只得偷偷的問嬰兒的父親。

年輕爸爸指了指嬰兒的尿片，然後說：「那兒，尿片！尿片！」

牧師明白地點了點頭說：「喔！願上帝賜福給『尿片』，阿門。」

祈禱會結束後，一群人從教堂走了出來，嬰孩的母親忽然啜泣了起來，孩子的父親臉上也寫滿不悅，兩人站在門口，等著牧師出來。

「牧師，你是怎麼搞的？怎麼能給孩子取『尿片』這樣的名字呢？」嬰兒的父親不滿地質問。

「什麼？是你自己說孩子叫『尿片』的，不是嗎？」牧師滿臉無辜地說。

「我怎麼會叫我兒子尿片呢？剛剛我是在暗示你，孩子的名字就寫在尿片上啊！」孩子的父親不悅地糾正。

給了暗示，卻還是理解錯誤，眞要追究，責任當然得由牧師負起，不是嗎？常見許多人就像牧師一樣，總推說自己眞的無能爲力，以迷糊當作藉口，其實都是想逃避責任，一旦出了狀況，或是得了一個失敗的結果，總是習慣把「錯」全推說是別人的「過」。

生活是我們自己的，看似不嚴重的小動作，其中常常意味著一個人處事的態度，將孩子的名字誤解成了「尿片」雖然只淪爲笑談，但是不夠嚴謹認眞的工作態度，卻也經由這個小動作被人們看得大清二楚。

如果還不明白問題的重點，我們再舉一則小例子，從中我們將更加清楚，見微知著的可信度。

書店裡，一位讀者向店員詢問：「你好，我打算到義大利度假，大約兩個星期，不知道你們這裡有沒有相關的旅遊圖書？」

「當然有啊！您真是太幸運了，這裡正巧有一本昨天剛到的新書《義大利十日遊》。」店員拿起正準備整理上架的書給他。

讀者把書接過，原來的笑容忽然不見，他困惑地問：「是不錯，可是……那我最後四天要怎麼辦？」

你認爲最後四天他該怎麼辦？其實，計劃旅行並不困難，重點在於我們是否願意用心規劃，或者只想當個盲驢，任人牽著走？

看看那個連收到暗示卻仍找不到答案的牧師，以及給了方向目標，卻還是不知道要怎麼走到終點的旅人，我們也看見了許多人常見的問題。

那些習慣等待解答的人們，在得到明確答案之後，即使機會在手，即使第一步已經成功踏出去，他們依然會走向失敗。

因爲，接下來的路如果人們不再指引，他們的步伐仍只會在原地踏步，終點目標依然遙遙無期。

遇上困難，不要只想著向人詢問解答，不妨多給自己一點時間尋找答案吧。沒有親自經歷過困難，就永遠也學不會解決問題的辦法，一旦再遇上了困境，不只不會解決，恐怕還會陷得更深。

人生不怕困難重重，只怕我們沒勇氣迎戰，沒有決心解決，或許生活中的難題很多，但沒有一個是無解的，只要我們肯用心動腦，肯認眞學習，相信很多事情都能迎刃而解。

所以，別再被那「十日」遊的計劃書侷限了，若有重要景點或最愛的風景區，不如在時間規劃上多分配一些，給自己多一點體會美景的時間，好讓這趟旅程不會有走馬看花之憾。

靈活運用說話技巧，成效會更好

轉個彎說話，不必明說也能讓人得到啟發，不必點破也能讓人聯想到問題的核心，這些正是聰明人解決問題最常用的技巧。

導遊正帶著一批旅客參觀一間古堡，走到很長很深的地道裡時，一群人在地道內發現了好幾具骷髏。

「天哪！怎麼有這麼多骷髏，這裡到底怎麼一回事？他們生前是做什麼的？」一位旅客好奇地問導遊。

只見導遊聽了，似笑非笑地回答說：「我想，他們一定是那些捨不得花錢請導遊的旅客吧！」

到底骷髏是否眞因爲迷路所以喪命，大概只有骷髏們自己知道，不過導遊藉機把握行銷生意，聰明的人一聽就知。

其實，人們對於太直接的要求或明示，往往感受較強烈，如果不顧及當事人的感覺，很容易讓人產生誤解或不良的印象而遭人拒絕。所以，說話的時候要適時借風駛船，轉個念頭，便能乘風而行！

就像故事中聰明的導遊不多說其他恐怖傳聞，而是輕輕開了亡者一個小玩笑，也輕鬆的給了旅客們一個記憶觀念：「如果想進古堡探險，還是找個專業的導遊陪伴吧！」

轉個彎說話，即使不必明說也能讓人得到啓發，讓問題不必點破也能讓人聯想到問題的核心，這些正是聰明人解決問題的最常用的技巧，好像下面這位教授的趣味引導。

有一間基督教大學每年都會將應屆畢業生的合影掛在學生活動大樓內，並且還會細心地在每個班級的鏡框旁，貼上最符合該班精神的《聖經》章節來作輔助說明，並給予同學們訓勉。

這一年也是如此，某個畢業班的同學便問教導他們的教授：「教授，您覺得我們要引《聖經》中哪一章節來代表我們班的特質呢？」

「第十一章三十五節。」教授毫不猶豫地回答。

同學們一聽，一個個急忙翻開《聖經》，找到了教授指出的那一節，上面寫著：「耶穌在哭泣！」

教授不說重話，不多給訓辭，而借耶穌的眼淚讓學生們省思，這些年來教授對他們的失望，從中或者更能引人深深自省吧！

人和人之間溝通原本就很耗費心力，確實需要我們多動腦發揮一些幽默感，畢竟，要能關照對方的自尊心，同時還要讓人肯聽進耳朵裡，那可不是隨口說說就能收到成效的。

好像第一則故事一般，擺進了過分恐怖的傳說，雖然能挑起人們的好奇心，可是若拿捏失了分寸，最後只會出現反效果，從此再無生意上門。

至於教授的暗示借用，確實能數到極佳的效果，感性的「眼淚」形象，不只軟化了學生們的心，也潛入了同學們的思考裡，相信受教的人會從中認眞體會到：「就要出社會了，再也不能像學生時一樣怠惰、散漫了，要積極面對未來，好讓教授能對著我們笑！」

明白其中寓意嗎？

那麼下一次，當你們遇到了相似的難爲情況或獨特需要時，希望能妥善運用機智巧妙的幽默對答解決一切難題。

學會保護，才不會受人欺負

惡人向來只會得寸進尺，如果連自我保護機制都沒有，連人們都已啃起我們的骨頭卻還沒感覺，還真不能怨怪別人狡詐狠心！

艾文很想喝酒，於是向村中的一位猶太人借一個銀幣，雙方寫明了借據和條件：「艾文必須於明年春天時將債務還清，並且得加利息。在此期間，他用斧頭作為抵押品。」

艾文簽了名，然後拿起了借據準備離開，這時猶太人叫住了他：「艾文，等一等！我想到了一件事，等到明春要你湊足兩個銀幣，這對你來說恐怕是一件非常困難的事，不如，你現在先付一半不是更好？」

艾文聽了，竟說：「你這話滿有道理的。」

於是，便見艾文將手上剛剛借來的一個銀幣，又還給了猶太人。

在回家的路上，艾文想了又想，總覺得這道理有些奇怪，但他卻沒有立即想通。路上不少人都聽見他自言自語地說：「這真是怪事！我銀幣沒了，斧頭也沒了，可我卻還欠他一個銀幣……這，那猶太人還滿聰明的嘛！」

猶太人果然聰明，然而在這裡，我們倒無須強化他的聰明狡猾，因爲狡猾的人已經夠多了，與其學習如何詭計多端，不如多提醒自己，別再像艾文這樣腦筋轉不過來，老讓自己掉入「賠了夫人又折兵」的結果。

我們都知道，惡人向來只會得寸進尺，不懂什麼叫適可而止，如果我們連基本的自我保護機制都沒有，連人們都已啃起我們的骨頭卻還沒感覺，還眞不能怨怪別人狡詐狠心！

當艾文自言自言著「滿聰明」的同時，我們也發覺單純善良看似美好，有些時候卻成了可怕的弱點，若不能即時修正，不能爲自己設一個停損點，最終也只能眼巴巴地看著自己被人啃個精光。

這點，對聰明的拉比來說就不管用了，即使有再多的同情，也絕不能濫情，只要自己設了一個底限，自然不會被人「吃夠夠」了。

有個乞丐正在向拉比訴苦：「拉比，我想向您請教一個很難很難的問題，如果今天有個人快餓死了，可是他身上卻連一塊錢也沒有，該怎麼辦呢？」

拉比聽了，什麼話也沒說，只把幾個硬幣遞給了他。

第二天，乞丐又來敲拉比的門：「拉比，我又有個很難很難的問題……」

「問題是不是和昨天一樣？」拉比反問。

「拉比，您真是神啊！」乞丐故作驚奇狀。

拉比淡淡地說：「我不是已經把答案告訴你了嗎？」

乞丐先是點了點頭，然後笑著說：「嗯，其實我也想要好好地領會您的答案，可是我昨天回家之後，卻發現您的答案已經不在了！所以，能不能請您再給我一個『新的答案』？」

狡猾的提問暗示，聰明的拉比一聽便知其中重點，但他並沒有斥責，反倒是伸手幫助，這是乞丐的幸運，也是他應當認眞感受並深思的。然而，懶惰的乞丐卻不好好珍惜拉比給的機會與分享，而是佔到便宜後還想再索求，這種行爲實在不足取。至於拉比，當然也不是個爛好人，他給了乞丐機會，偏偏乞丐心思狡猾地想再敲一筆錢。從拉比提醒他「答案早給」的回應中，我們不難猜到，這一回機巧的乞丐是不可能再從拉比手中得到任何一毛錢了。

雖然說心軟無罪，但這無疑會讓我們誤入險境，因爲若只懂得感性同情，卻不能理性思辨，很容易讓自己一再受到無情的傷害。同樣的，一個人想保持心思簡單並沒有錯，可是如果凡事一味的相信，甚至只懂一再退讓，那也只會讓自己不斷地受到傷害，不斷地傷心失望！

我們可以不學狡猾，但要學會自保，人和人之間總有許多預料不到的情況，或許預防不易，但至少在發現危機時，我們一定要勇於對抗，也勇於爲自己爭取應有的權利。

少點庸人自擾，生活自然美好

深思熟慮的確能減少不必要的損失，可是卻常見人們最終既未能好好珍惜必須珍惜的昨日，還喪失了本來能把握的今天機遇。

佛羅里達的海濱藍天非常吸引人，有位從北方來的旅客看了很是著迷。望著大海，他問導遊：「這水中沒有鱷魚吧？」

「沒有！」導遊很肯定地說。

「你敢保證沒有？」遊客懷疑地問。

「我保證，這裡絕對沒有鱷魚，一隻也沒有。」導遊笑著說。

聽見導遊再三保證，這名遊客也就不再害怕，匆匆脫了衣服便跳下水去了。

其他人看了也跟著下水玩，最後連導遊也跟大家到水中玩耍消暑。導遊來到那

名客人的身邊時，他忍不住又問：「導遊先生，是什麼理由讓你敢保證這裡沒有鱷魚呢？」

只見導遊冷笑一聲，說道：「呵！因為，鱷魚害怕這水底的鯊魚！」

那遊客聽了，驚呼了一聲：「什麼？鯊魚？」

無謂的擔憂總讓人感到可笑的，無怪乎導遊要故意玩弄這個膽小鬼了！

透過這個疑心病重的遊客，我們可以發現，其實許多人不也和他一樣，想下水，偏偏又替自己套上許多擔心與顧忌；下了水，卻又給自己一堆緊張害怕，如此一來，怎能玩個盡興呢？

生活中總有許多難以預料之事，雖然小心防範的想法是正確的，但小心翼翼過了頭，只會讓自己難有一個無壓且輕鬆自在的生活。

所以，別再給自己增添無謂的壓力，更不要把別人的煩惱攬在身上了，丟開不必要的煩惱，才能盡情享受人生。

也別再像個老者念茲在茲著那些早已過往的舊日情懷了，該放手的時候就放手吧，或許，反而能讓後人們成就另一段美妙的往日故事呢！

不懂？那就請某巴黎教堂的教士們來解釋一下吧！

巴黎有一間殘破不堪的老教堂，由於已多年沒有整修，教士們便請建築師來評估，他們一致主張教堂已經殘破得無法整修，必須重建一間全新的教堂。長老會收到報告後也了同意他們的主張，還回信提出三項重要的意見：

「我們絕對尊重也同意你們的意見，不過請務必也遵守長老們在聆聽神的旨意後的三項決議：

第一，建造新的教堂——一致通過。

第二，新教堂建成之前，暫用舊教堂——一致通過。

第三，用舊教堂的磚石砌新教堂——一致通過。」

收到長老會審核後的議案，想必讓該教士們搖頭嘆息吧！

第三項或許比較容易解決，但第二項要求根本就是強人所難，如果不能離開舊的居所，又要如何重建新的教堂？

在新舊爭執中，人們常會有許多考慮，深思熟慮的確能減少不必要的損失，可是捨與不捨之間，卻常見人們最終既未能好好珍惜必須珍惜的昨日，更甚者還喪失了本來能把握的今天機遇。

人生的遭遇就像在水中悠游時，明知海上情況千變萬化，仍然要能勇於遨遊。想乘風破浪，飛躍巔峰，就要能克服恐懼，並擺脫過去的束縛，才能再造一座讓後人驚嘆的輝煌聖殿。

輯5.

運用幽默智慧化解誤會

人際溝通其實一點也不難，
只要我們不情緒化，
能理性並寬容對人，
那麼所有人都會是人際溝通的高手。

運用幽默智慧化解誤會

人際溝通其實一點也不難，只要我們不情緒化，能理性並寬容對人，那麼所有人都會是人際溝通的高手。

在蒸氣浴室裡，有個男子看見正前方有個背朝著他的人，越看越覺得那個人的背影很熟悉，好像是他的一位老朋友。

他心想：「來嚇嚇他！」

於是他慢慢的靠近那個「老朋友」的身邊，接著竟狠狠地朝著那個「老朋友」的屁股上打了一大巴掌：「啪！」

被打的人痛得渾身顫動了一下，轉過身來！

「天哪！這……神父，您好啊！」那人一看認錯人了，尷尬地打了招呼。

他連忙低頭道歉說：「對不起，我以為是一位老朋友，請您原諒我，我真沒想到居然是神父您！」

神父笑了笑，回答說：「沒關係，我的孩子！因為，你打的那個地方不是『神父』！」

非常有趣的化解辦法，體貼的神父沒有指責男子的失禮動作，反而笑看這個尷尬誤會，也聰明寬容地解開這個差點凝結的尷尬氣氛，其中的包容寬大，正是我們應當學習的重點，學會聰明笑看生活中這些「意外」的小插曲。

可以得到人們的體諒並包容自己無心的過失，能讓人在生活中能多感受到一些溫暖；反之，若是對方不能即時反應並替我們解圍，只好自己多學學臨機應變的機智。一如下面這位聰明的空服員的反應。

一位空服小姐在機上看見一個有點熟悉的臉龐，心想：「咦，那好像是二伯耶？我怎麼不知道他要搭機呢？」

正忙於整理事物的她，決定等會空兒抽空去和這位許久不見的長輩打聲招呼。等到發點心的時候，她推著餐車來到那位看似「二伯」的座位邊，卻見他正在休息，於是她用老人家慣用的台語輕喚：「二伯……二伯……」（發音似二八）。

不一會兒，那「二伯」睜開了眼睛，並困惑地看著這個空服員，在此同時，女孩才驚覺認錯人了，但「二伯」已經叫出口了，眼前尷尬要怎麼解呢？

忽然女孩靈機一動，再用台語叫號：「二八、二九、三十，喔，不好意思，吵醒您了，我們要點數人頭，好去準備點心。」

這是可以多元學習語言的趣味，因爲讀音相近，也因爲意思不同，這些字詞確實給了不少人發揮想像的空間，好像故事中的空服員，運用機智轉「二伯」爲「二八」的趣味，讓我們深刻感受到。

不論是華語還是台語，不論是英文字音，還是日文讀音，我們可以東西合併，也能借不同方言的字音引喻，不只能讓人思考更加靈活，也讓人和人之間的溝通多一點潤滑作用。

幽默是人的情感的自然流露，可以直接讓對方卸下原有的心防，甚至可以像潤滑油一樣，緩和潤原本僵持對立的氣氛。

在這個紛紛擾擾的時代，人與人之間充滿著爭執、衝突、競爭、交戰，許多無謂的爭執衝突，都是溝通不良引起的，這時就需要適度的幽默！

人際溝通其實一點也不難，只要我們不情緒化，能理性並寬容對人，那麼所有人都會是人際溝通的高手，也都會是成就和善社會的重要功臣。

情緒失控只會讓事情更加嚴重

不是重重反擊就能得到勝利，也不是情緒反應就能把人嚇住，只要不被情緒煽動，我們自然能想出一個絕妙的反擊方法。

有個小偷忽然將手伸進貝利的口袋中，敏銳的貝利一發現，連忙伸手將那小偷的手抓住，然後氣憤地看著這個小偷。

沒想到小偷十分鎮靜，還笑著說：「喔，對不起，這裡實在太擁擠了，我錯把您的口袋當成了我的口袋啦！」

「是這樣嗎？好，沒關係。」貝利微笑著放開了小偷的手，但旋即冷不防賞給他一個大耳光：「啪！」

「你……」小偷痛得瞪著他，只見貝利仍帶著微笑說：「喔，真是對不起，我

看著你的臉，還一直提醒自己那個人是你，卻不知道怎麼了，還是誤把您的臉當成了我的臉。」

貝利機警反應，保住了自己的荷包，但隨即的情緒反應，雖然狠狠給了小偷一個巴掌教訓，卻也讓人不禁爲他捏了一把冷汗，因爲他逮住小偷偷竊的手並不明顯，但給了對方一個摑掌，卻是引人注目的大動作，不知情的人只看到貝利打了人，卻不知是因爲「小偷」先動手偷錢。

再想想，若是對方控他傷人，現場那些目擊者不反成了小偷的「證人」？

其實，給人教訓有許多方法，不是重重反擊就能得到勝利，也不是情緒反應就能把人嚇住，好像下面這個故事。

有個出身富庶之家的中年男子，這天在街上閒逛，走著走著經過了一間珠寶店，當他正要走過時，忽然從窗口撇見店內天花板上有個非常華麗的水晶吊燈。

於是，男子又折回店門口，然後走進店裡向售貨員詢問：「請問，那個水晶吊燈要多少錢？」

售貨員看了看眼前穿著簡單的男子，心裡判斷著：「這傢伙看起來一點也不怎麼樣，哪有本事買下這個水晶吊燈？肯定是個無聊人來裝闊！」

售貨員心中偏見一起，對男子更是不屑一顧，甚至連開口應付的意願也沒有，只見他對男子不理不睬，臉上還出現了嫌惡的表情。

那男子又問了一回，卻始終得不到售貨員的禮貌回應。

忽然，男子舉起手中的枴杖，跟著竟是猛力的朝著天花板上的水晶吊燈重重敲擊，只見那水晶吊燈上妝點的琉璃登時碎落一地。

然後，男子回頭對著被此舉嚇得目瞪口呆的售貨員說：「現在，我可以知道這吊燈的價格了嗎？」

把水晶燈打碎，看似讓男子得到了情緒宣洩，也重重回報了售貨員的歧視以及冷漠的態度，但再轉念一想，做這個動作的主角可一點也沒有佔得便宜呀！

美麗的水晶燈就此破碎損毀，同時也折損了這位有錢人的身分地位，原因無他，君子一旦與小人爭鬥，一般情況是，人們對小人早已否定，無論結果如何，也不會增加人們對他的肯定，然而君子表現出的爭鬥醜態，忽然臉色大變，工於心計，那與人們平時的觀感肯定要出現落差，人們自然對君子所爲無法諒解，苛扣其分數當然也在所難免的了。

若因此而使我們失去的反而比得到的快感多，那不是太得不償失了嗎？

其實，挽回面子的方法很多，擊敗對手的技巧也很多，只要不被情緒煽動，不用情緒化的動作，我們自然能想出一個絕妙的反擊方法。

譬如，故事中的中年男子大可不必衝動地把水晶燈打破，只要自在地走出門，然後靠他在地方上的聲望與地位，向人們傳播該店員工服務態度之差，那麼還怕該店老闆不親自帶著該名員工登門道歉！

又好像貝利，何必給那小偷一個巴掌呢？大聲對著人們說「他是小偷」，並提醒現場是否其他受害人，然後再把他扭進警局，給他這樣的教訓是不是更具積極的作用？

小事糊塗看淡，大事聰明看待

小事糊塗看淡無妨，但大事則要聰明看待，不想一再上當受騙，那麼貪婪心千萬別起，好奇心也別被輕易地挑起。

好不容易等到假日可以好好休息，偏偏老林這時卻感到身體不舒服，本想繼續睡覺的他，還是出門去附近的診所看病。

醫生看診後說沒什麼問題，只給了大小藥丸各一包，然後教他如何服用：「大的吃一顆，小的吃二顆。」

回家之後，老林立刻把兩個兒子叫來，然後餵了大兒子吃一顆藥丸，小兒子吃兩顆。這不只孩子們搞不清楚狀況，就連他自己也覺得困惑：「醫生今天是怎麼搞的，怎麼我生病不用吃藥，卻要叫孩子們吃呢？」

看來老林眞的病昏了頭，竟把用藥的方法想成了「大的（兒子）吃一顆，小的（兒子）吃兩顆」，如果身邊人沒有即時提醒他，恐怕接下來再進醫院的人，不會只有他一個，還得再加上他那兩個寶貝兒子呀！

笑看老林的糊塗，也讓人不禁深自省思生活中的聰明與糊塗，有多少人就是因爲這麼一個漫不經心，而造成了難以彌補的結果，或是因爲一時迷糊輕忽，而跌進了危險深谷？

人生要輕鬆看待，但生活卻得嚴謹前進，好像下面這個老人家的冷靜理性，無論商人怎麼吹噓，他依然能堅持自己保守的底限。

有個禿頭的老人經過一間藥妝店，就在店門口，他看見了一張廣告海報，上頭寫著：「新研發的毛髮激生藥，保證立即見效！」

老人看了很心動，於是他走進店裡，問老闆：「請問，聽說您這兒有新研發的生髮藥？那真的有效嗎？」

老闆笑著點頭，跟著誇張地撫著自己的一頭長髮，鼓吹老人說：「真的非常有效，你看我這一頭長髮就是因為用了它才長出來的啊！要不要試一試？要大瓶的，還是要小瓶的？」

老人點說：「好，一瓶小的就夠了。」

「大瓶的比較划算啊！」藥妝店老闆慫恿著說。

「我不要大瓶的，我只要小瓶的就好，我只想長點毛出來就夠了，因為我不想有一頭長髮！」老人堅決地說。

這老人還蠻可愛的，知道年事已高，不想讓毛髮長出太多，執著選購一瓶小的生髮劑就好了，老人家的精明還算用對了地方，或者他也知道，真實性比好奇心還要重要，雖然老闆誇口他那一頭長髮全靠這生髮劑，但生意人的嘴總是只能相信一半，至於另一半，只能靠自己去證實了。

對照第一則故事，其實小事糊塗無傷，但關乎健康或身家財產的時候，我們卻是一點也糊塗不得。

回想起現實生活中層出不窮的詐騙案件，多少人不是被自己的一時好奇和糊塗所害，最終讓自己困陷生活的苦境中啊！

眞有那樣神奇的效用，早在公諸於世就被人們搶著嘗試了，又怎麼還會偷偷摸摸的告訴你是「限量品」，只有會員才買得到？又好像賺錢這種好事，眞要是能讓人荷包滿滿，他們早躲起來自己賺了，哪裡輪得到我們一同分享？

小事糊塗看淡無妨，但大事則要聰明看待，不想一再上當受騙，那麼貪婪心千萬別起，好奇心也別被輕易地挑起。

面對誘惑，腦筋再多轉一圈，對於心裡「懷疑」的情況，再多問也多聽，然後才能眞正的獲得利益，也眞正的繼續累積並守住我們的財富。

亂開玩笑，後果難以預料

快樂難求，帶動積極的生活態度很不易，只要有一點角度偏差，情緒錯放，人們的心便很容易跟著失去了方向。

旅人正在向親友們講述他剛完成的旅程。他說得口沫橫飛，還誇張地說了這麼一個經歷：「當時，有好幾個印第安人把我團團包圍，那情況真是可怕極了！你們知道嗎？我左面站了一個印第安人，右面也站了一個印第安人，前面一樣站了一位印第安人，後面當然也有個印第安人……」

「天哪！他們想做什麼？」

「當時你心情怎麼樣？」

「後來是怎麼解圍的呢？」

大家七嘴八舌地追問，沒想到旅人的答案卻是：「後來，我買了一件他們向我推銷的皮革，這才突破他們的包圍。」

「呿！」一群人聽到這兒，忍不住給了他一個噓聲。

看完了故事，你是否也忍不住跟著人群笑著給主角一個噓聲呢？

可仔細想想，生活中像這樣用語誇張的人物好像還蠻常見的，他們習慣一開始就故弄玄虛或虛張聲勢，不只努力想釣人胃口，還拼了命想要吸引更多人的目光。雖然這法子十分管用，但如果使用過量，恐怕人們從此對這一類人說的話都要打折了。

就對人的信任度而言，這其中總是弊多於利，想一想，如果人們再也不相信我們所說的話，我們又如何重新獲得人們的信任呢？

再思考那些被誇張演說所吸引的人們，他們心裡是抱持何種想法？看看下面這個例子，相同的誇張開始，相似的無厘頭結局，讓人不禁對一開始便抱著信任且高度興趣的聽眾感到憂心。

有個男子神色自若走進一間酒吧，冷靜地對女服務生說：「吵架之前，請給我一杯可可！」

女服務生一聽，趕忙遞給他一杯可可，但過了幾分鐘之後，那個人卻一點動靜也沒有，女服務生心想：「是開玩笑的吧！」

但就在她轉念猜想的時候，那個男子又叫來女服務生說：「吵架之前，麻煩先給我一份牛排和炸薯條。」

女服務生聽了，心想：「想等飽足後再大幹一場嗎？那他的仇家呢？」

這女服務左右張望了一下，然後趕忙去將這「老大」要的餐點送來。

就這樣又過了十分鐘，現場依然什麼事也沒發生，女服務生忍不住好奇上前問道：「先生，你一直說要吵架是怎麼回事啊？到底什麼時候會發生呢？」

男子吞下最後一塊牛肉，然後笑著說：「馬上就開始了！」

「真的嗎？」女服務生還是有些懷疑並且開始有點緊張了。

就在這個時候這男子這麼補充：「因為……我沒有錢付帳啦！」

這若用於影視劇情倒還情有可原，畢竟挺有戲劇效果的，但是若發生在現實生活中，恐怕有許多地方有待檢討。

例如，這幾年新聞記者在報導新聞時，單純的事件總被誇張地加油添醋，問題核心常常失了焦。

這種行徑就像故事中的女服務生一般，只顧著提供男子所需要的東西，卻不想探討問題的核心，反而以有些八卦又好事的心態等待著爭執的發生。

面對這種狀況，我們又怎能怪環境變壞了呢？

試想，若不是人們多事把問題複雜化，若不是人們老想著多添點話題新聞來娛樂，社會又怎麼會如此糟亂？

想增添生活的趣味，誇張故事情節不失是一個好方法，只要無傷大雅，只要是趣味自嘲，我們當然可輕鬆笑看。可是，如果像第二則故事一般，想著的卻是「鬧事」或製造社會的不安，我們便得嚴肅思考。畢竟，很多時候這一類情況到走最後經常是傷人的結果。

想要提昇自己的處世競爭力，做人做事一定要講究策略和技巧，幽默的話語不只可以替自己解圍，同時也可以是輕鬆溝通的工具。

幽默要用在對的地方，我們可以用來增加生活趣味，可以用來軟化人心的冷漠，但切莫用在製造社會緊張與人心鬱結的事件上。因爲快樂難求，帶動積極的生活態度很不易，只要有一點角度偏差，情緒錯放，人們的心便很容易跟著失去了方向。

不切實際，只會增加壓力

生活本該切實，對於未來做再多想像，也難有真實的預見。與其誇口說未來，不如實實在在讓人們看見你我認真跨出的每一步。

有個鐵幕笑話說，在蘇俄的街上，有一群旅客跟著一位當地導遊的腳步欣賞這個充滿故事的國度。這導遊看來有些年紀了，可以很肯定的是，他對自己的國家充滿愛意和信心。因為，他正對著這群遊客說：「我們國家的經濟非常好，我相信，到了二千年的時候，莫斯科會有一半以上的人都將擁有私人飛機。」

有人不解地問：「一般人要私人飛機做什麼？」

導遊回答：「你不懂嗎？道理很簡單啊！假如他們聽說在列寧格勒的麵包店，將在某一天生產大量的麵包時，不就能乘著飛機趕到那裡排隊搶購嗎？」

這諷笑話，其實只需要用三個字就能解決，那便是「想過多」了，當導遊自負誇口自己國家的未來發展的同時，也讓我們想起生活之中，那些好說大話的人。這一類人對於不必要的想像總是過量，不踏實的想望也超出了需要，只知道一味「幻想」，這是多麼不切實際的生活態度啊！

就像那些一天到晚預言未來危機的人，看似未雨綢繆，事實上都是無謂的杞人憂天，就好像下面這位牧師的情況。

牧師正在描述「世界末日」的景象，忽地對著信眾誇張述說著：「你們知道嗎？在那個時候，天不只會打雷閃電，還會有火焰從天而降，海水將覆蓋大地，四處都將洪水氾濫，還會發生山崩地裂……」

就在牧師說得口沫橫飛的時候，台下忽然傳來一個稚嫩可愛的孩音：「先生，到時候學校會放假嗎？」

「哈哈哈……」

孩子的問題逗得其他人大笑不止，牧師好不容易要進入主題卻被打斷，只能似笑非笑回應孩子的問題：「當然！」

笑看孩子的天眞疑問，讓人發現，孩子們果然比大人們還要實際且純眞。

學校放不放假當然是個重點，因爲那與孩子們切身相關，對於世界末日的情況知道再多也無用，畢竟眞要發生了，他們也只能選擇面對。

其實，世界末日會是什麼情況，我們也只能想像，想多了也只是多添無謂的擔憂，對你我的生活並沒有多大的助益。

再從另一個角度思考，世末日界的想像不正如我們常見的胡亂猜想，我們不是常說「多想無益」，何必想那麼多？何必讓生活增添那麼多害怕壓力？

這兩則故事的旨意其實很簡單，說明了生活本該切實，對於未來做再多想像，也難有眞實的預見。與其誇口說未來，不如實實在在地讓人們看見你我認眞跨出的每一步。

想解決問題，就要簡化難題

將事情複雜化無助於我們找出問題原因，唯有簡化思考，才能輕鬆地抽絲剝繭，找出問題的核心。

主教來到非洲傳道，到達的首日，行程只有一場祈禱儀式要主持。來到現場，由於椅子不夠，主教只好坐在一個木製的肥皂箱上。儀式才開始不久，那木箱便承受不了主教的體重，慢慢地發出崩壞裂開的聲音，不一會兒便見主教整個人跌坐在地。

「我的天……」主教痛得輕呼了一聲上帝，但旋即他卻發現教堂內一片肅靜，絲毫騷動或竊笑的聲音都沒有。

儀式結束之後，主教感動地對著該教堂的神父說：「你們這裡的人真有禮貌，教養真棒！」誰知，神父卻說：「您太客氣了，不過，我得老實告訴您，事實上我們全都以為那是儀式的一部分！」

這個看似無知的想法，其實突顯當地人們的單純樸實。當主教從箱子上跌落，不見人們暗暗竊笑，我們卻可以隱約間聽見了他們的眞誠心意：「無論如何，在這嚴肅的場合上，不能有一點輕佻怠慢的行爲出現，唯有最虔敬的態度才能得到心的踏實！」

爲了讓自己保持一顆簡單的心，有些話不必非得說盡，有些眞相也不是非得說破，有一點保留，有一點距離，有些時候反而更能減少彼此的負擔，好像下面的這個故事。

「拉比，雨是怎麼產生的？」一個村民問。

「雲就好像一塊吸飽了水的大海綿，風一吹，雲跟雲之間就會你擠我、我擠你，接著水就被擠出來啦！」拉比用很簡單的例子解釋。

「是嗎？那你有什麼證據可以證明雲就像你說的那樣呢？」沒想到村民雞蛋挑骨頭，偏要拉比證明給他看。

聰明的拉比點了點頭，然後指著天說：「你看，現在不就在下雨了嗎？」

其實只要翻閱科學書籍，我們便能輕易了解雨的成因，但複雜的科學解釋，有些時候卻也讓人少了許多想像的空間，不是嗎？

凡事不必想得太過複雜，雲像一塊海綿，也能像一個棉花糖，雨的成因可以說是上天的淚水，也可以說是神佛的汗滴。只要我們簡單地想像，不只能豐富生活的趣味，更讓我們多得了一份輕鬆無負擔的思考空間。

神父的跌跤不是故事的重點，當地人們純樸的心才是我們要學習的；而拉比解釋雨的發生，雖然無法更明確證實落雨的情況，但想像卻也帶動了我們的思考。生活中有許多解釋不完的成因與情況，將事情複雜化無助於我們找出問題原因，唯有簡化思考，才能輕鬆地抽絲剝繭，找出問題的核心。

藉口無法掩飾逃避的念頭

藉口理由都只能隱藏一時，與其假裝勇敢，隱藏心裡的擔心害怕，不如坦白面對，反而更能迸發出自己身上的潛藏力量。

一個神父正趕搭著馬車要去參加一場宴會，出城之後不久，車子便來到了一個非常陡峭的山坡上。

神父看著車外危險的地勢，竟緊張得渾身發抖，於是急忙叫車伕停車，然後連忙從車廂跳了出去。

車伕問道：「神父，你為什麼要下車步行呢？」

「因這坐起來感覺很不安全，好像隨時都會翻倒！」神父有些埋怨地說。

車伕一聽，有些不太高興地說：「你這麼說怎麼對？別忘了你是神父啊！上帝不是與你同行嗎？你不是說上帝隨時都和你在一起嗎？你害怕什麼呢？」

神父平靜地說：「唉，你聽我說，要是馬把車弄翻了，而我不幸摔死了，你知道結果會怎麼樣嗎？我和牠都將到另一個世界，而我也會到法庭上控告這匹馬謀殺，當然最終我一定會勝訴。」

車伕聽了，點了點頭，雖然心裡覺得這個說法有些可笑，但他還是相信了「神」的代言人的話！

「你現在知道我為什麼爬出來了吧？因為，我一點也不想與一匹馬打官司！」神父溫柔慈祥地說。

從一開始的擔心害怕，到後來的掩飾恐懼，雖然理由牽強，但習慣把一切問題歸給天父上帝的西方人，在這一個尷尬場合中也算把幽默用得頗爲巧妙。不過，若和下面這一例相比，卻仍顯得不夠淋漓盡致。

牧師正在家裡忙著修改禮拜天的演講稿，陪在身邊的小女兒忽然問道：「爸爸，是誰教你寫這篇作文的啊？」

「當然是上帝啊，我親愛的女兒！」牧師微笑地說。

這個回答似乎未能解開女兒的困惑，她又接著問：「上帝嗎？那你為什麼還要塗塗改改呢？」

牧師先是愣了一下，然後又微笑地說：「孩子，這也是上帝的指示啊！」

至始至終都是「神」的旨意，面對女兒的接連質問，牧師倒也把他宣傳信仰的功夫發揮到底，相較於神父因爲受到刺激所以急中生智表現出來的理由，後者顯得較爲精采。

當然，其中寓意不是在於「宗教」議題上，我們細心援引至生活之中，從另一個角度思考，能夠發現許多人常見的「逃避」問題。

好像第一則故事，神父面對陡坡確實是十分擔心害怕的，但爲了面子問題，爲了保住自己「神聖」的形象地位，硬是編造了一個「審判」的情事，遮掩心中的害怕，其實這又何必呢？

是上帝的旨意也好，是不想在死後還得跟一匹馬打官司也好，藉口理由都只能隱藏一時，卻不能遮掩一輩子。

神力始終是虛幻的，我們再怎麼相信神力，也無法證實神的奇蹟，那麼，與其假裝勇敢，隱藏心裡的擔心害怕，倒不如坦白面對，反而更能迸發出自己身上的潛藏力量。一如那些身心殘障者，不正是勇於面對，因而能有所突破，改寫自己的人生嗎？

態度謙卑，讓事情圓滿解決

很多時候，卑躬屈膝不代表我們受了委屈，而是對工作的一種負責態度，想讓事情圓滿解決，讓工作任務能早一點達成。

有個鄉巴佬花了大半輩子很辛苦的存了一筆錢，今天他決定要好好的犒賞一下自己，方法是到大城市裡尋找新體驗，而他第一個想體驗的便是到著名的大飯店裡住上一晚。

計劃實行的那天，他一走進飯店大廳，便聽見他驚呼連連：「哇！這大廳如此漂亮豪華，真不愧是城裡的飯店！」

跟著服務人員的腳步，他來到櫃台辦理住宿手續，然後又按著服務員的指示，興致勃勃地朝著夢想中的飯店「大套房」走去。

沒想到，服務人員才剛轉身接完電話後，卻見那鄉巴佬氣沖沖跑到他的面前，很不客氣地質問：「我不住了！那是什麼鬼房子啊！我花了那麼多錢，你們居然給我那樣的房間，比我老家還差的生活空間，那看起來只有碗櫃那麼大，最多也只能放一張折疊椅，什麼嘛！快退錢，我回家睡還比較舒服！」

服務人員一聽，看著他指的方向，差點沒笑出聲，只見他忍住笑意，解釋說：「喔，先生，您搞錯了，那是電梯！不如讓我帶您到您的房間吧！」

儘管鄉巴佬賣弄聰明鬧笑話，但怎麼說都是第一次，出錯也情有可原，反觀服務人員有禮的態度和專業的解釋，才是值得我們討論的地方。

服務他人原本就不該分角度，該低頭的時候要謙卑低頭，被要求抬頭的時候就抬頭仰視，無關人格問題，只是專業的「服務態度」。

眞正優秀的服務人員始終不會忘記「謙和的態度」與「服務的精神」，一如故事中的飯店服務員，不只沒嘲笑對方，還主動提出帶路的建議，這或者正是大飯店成功的原因吧！

他們嚴格要求員工要有服務的精神，讓所有顧客都能有賓至如歸的感受，而這也正是職場中人人應該培養的工作態度。

不過，偏偏有些人的工作態度卻難以如此，好像下面這位女行員的工作態度，應該許多人都曾遇見過。

一走進銀行大門，便看見古小姐正坐在入口處，這個位子看起來很不錯，但對古小姐來說卻令她非常討厭，因為許多人一進門便找她詢問。

久而久之，古小姐實在不勝其煩，那張臉也越來越像晚娘的面孔，直到有一天，她突然想到了一個妙計。

第二天，便見她的桌上擺放了一個「此處非詢問處」的牌子。這個告示寫得非常清楚明白，古小姐心想：「應該都識字吧！」

但是，每個上門的客戶依舊向她詢問，只是問題只有一種：「小姐，請問詢問處在哪裡啊？」

以爲「責任」可以推開，沒想到最後還是得由自己擔，那多此一舉的告示牌，或許更顯示出這位女行員面對工作的態度。

生活中我們不也常見像這樣「不耐煩」的面孔，或者在你我之中，有人也正抱持著類似的工作態度在生活？

那爲何不能給自己一個快樂工作的氣氛呢？沒有一個工作是不需要接觸人群的，很多時候，表現謙卑不代表我們受了委屈，而是對工作的一種負責態度，想讓事情圓滿解決，讓工作任務能早一點達成。

簡單來說，只要我們心裡不覺得委屈，而是可以微笑迎接，包容面對，那麼工作之於我們，都是享受生活的機會。一如故事中的女行員，如果她不斤斤計較多得的工作負擔，而是能快樂付出，也專業服務，相信漸漸的她會發現：「原來，跨向成功的機會就在這人群之中！」

輯6.

與其口是心非，不如機智應對

不必口是心非說假話，
也不必昧著良心編謊話，
當脾氣或真實感受不能直接表示出來時，
不妨轉個彎，或是借物比喻。

不是針對，只是讓人明白自己不對

對付自私自利的人，不必怒言相向，最好的教訓方法就是以其人之道還治其人之身，大可不必動氣，能微笑應付才算聰明人。

古波斯思想家薩迪曾說：「理性一旦被情緒掌握，就如同一個軟弱的人落在潑婦手中。」

成功的人，往往懂得控制自己的情緒；失敗的人，則容易困在負面情緒裡作繭自縛。面對不如己意的事情，最重要的其實是先處理好自己的情緒，這將決定你能不能化阻力爲助力，抑或就此敗在惡劣的心情之下。

深夜，搶匪盯上了一個西裝筆挺的男子，就在轉角，搶匪忽然舉槍指著那男子說：「快，把你的錢拿出來給我！」

面對惡徒的威脅，男子一點也不畏懼，反而大聲怒斥道：「你幹什麼！我可是國會議員啊！」

沒想到搶匪聽了，回了他一句：「那好，快把我的錢還給我！」

透過對話，我們不難感受到那位國會議員的「自大」，在習慣了人們「哈腰奉承」的環境後，遇上態度強勢於他的搶匪，並未察覺自己所處的危機，卻還想藉自己的政治地位，以盛氣凌人之勢來壓制對方，眞不知道要笑他愚昧，還是嘆他好發官威。

暫擱這事情的對錯，換個角度想，有些人的確要受點教訓才知道要謙卑！就好像生活中常見的自私的人，只知多佔利益，卻不懂與人分享，成爲社會的負擔，一如下面這個情況。

有個男子走進火車的第一節車廂，一屁股坐在一個座位上，然後順手讓手中的

「箱子」坐在他身邊的另一個位子上。

不久之後，有個乘客來到他的身邊，指著放箱子的座位問道：「先生，請問這是您的箱子嗎？」

「喔！不，那是我朋友的。」男子還指著窗外補充：「你看，她正站在月台上跟人說話。」

這位乘客看了看窗外，果然有個女孩正站在車邊與另一個男子說話，看起來，那女孩似乎很捨不得與男子話別。

「嗚……」火車就要啟程了，那女孩看起來似乎無意上車。

不一會兒，火車開動前進了，那位站在男子身邊的旅客，忽然一把提起那只箱子，接著竟將箱子往窗外扔去，然後準備坐到原本放箱子的位子。那男子先是被他的舉動嚇得目瞪口呆，旋即才著急地大聲斥喝：「你……你發什麼神經啊？你這是幹什麼？」

這位旅客看著男子，微笑地說：「喔，你的朋友不是沒上車嗎？那你不是應該把她的行李還給她嗎？」

「啊？」男子一聽，啞口無言。

對付那些自私自利的人，我們不必怒言相向，最好的教訓方法就是以其人之道還治其人之身。

在現實生活中，看多了自私爲己的人，也許不少人氣得心肝肺俱傷。其實，大可不必動氣，能微笑應付才算聰明人，也常能得到絕佳的功效。

好像故事中的旅客一般，安安靜靜等在一旁，適度冷靜的回擊，雖然動作也有些過了頭，但卻不失一個教訓對方的方法。

畢竟，當怒言或和顏對待都不見回應時，也只能用更具體的動作，讓對方知道我們的感受和他的「錯」！

這裡我們純粹從「自私」的議題思考，不就其中反應動作的對錯去檢討，因爲生活中許多時候得視情況而定，也得因人而異。只要人際互動多點深思，少一點自私，我們自然能得和諧的人際關係。

多一分誠意，少一分對立

人的情感一旦出現了裂痕，便很難再密合，所以，我們常說冤家宜解不宜結，只要肯以誠意相待，終能等到對方卸下心結的時候。

有個男子點了一客牛排，這牛排肯定很美味，因為，不一會兒的工夫，鐵板上只剩最後一小塊牛肉了。

但是，就在他準備把最後一塊肉擺進嘴裡時，卻發現，在這塊牛肉的底下竟然有隻死蒼蠅。

「喂，你們這是怎麼搞的？」男子氣憤地對著身邊的服務生說。

只見服務生不慌不忙的低頭道歉，然後冷靜地說：「先生，恭禧您，您『中』了本餐廳再來一客牛排的大獎！」

讓人會心一笑的幽默回應，相信無論那男子氣再烈，多少也會被這句幽默的應答降低一些溫度吧！

想減少衝突，表現幽默的確是最佳的辦法，再者便是解決問題的誠意了，一如這位服務生的表現，沒有用任何藉口反駁，而是以一句幽默的話便讓人看見他們以客爲尊的態度。

試想，客人們聽見他們坦承疏失，還如此關照客人的情緒，這時候怎麼忍心再與他們計較？

是的，爲人處世必須時時關照別人的感受，而不是一味只想到自己，時間總有辦法化干戈爲玉帛，那就好像布朗太太和蘇西太太所遭遇的情況。

在布朗家的後院有個小菜園，那是布朗太太的秘密花園，每年春天時她都會在那裡頭種些蔬菜。

布朗太太非常用心經營這個小菜園，也經常跟孩子們說：「寶貝們，等到夏天的時候，我們就能吃到又新鮮又可口的蔬菜了，那是媽媽親手種的喔！」

菜苗一天一天長大，在布朗太太細心照顧下，園子裡的蔬菜長得十分漂亮，布朗太太也非常滿意地說：「太好了，再過幾天收成之後，大家就能吃到我親手種植的蔬菜了。」

沒想到就在她準備收成的那天，兒子忽然從屋外跑進廚房大嚷道：「媽咪，媽咪，您快來呀！蘇西太太的鴨子正在吃我們的菜啊！」

布朗太太一聽，連忙跑了出去，那情景卻讓她差點沒昏倒！

因為，菜園裡的菜統統被蘇西太太的鴨子吃光光了，這讓布朗太太傷心得哭了出來：「天哪！我的菜都沒了！」

蘇西太太聽見聲音也跑出來看，這才知道家裡的鴨子闖了大禍，她感到非常內疚：「對不起，布朗太太，我真的沒想到會發生這樣的事，對不起！」

但是再多的對不起也無法挽回已經發生的事，看著自家的鴨子，蘇西太太也只能恨恨地瞪牠一眼。

從此以後，兩家人的情誼因為這隻不懂事的「鴨子」而變了調，直到耶誕節的前二天……

蘇西太太叫孩子送一份禮物給鄰居布朗太太，上頭還附了一張字條寫著：「請好好享用您的蔬菜吧！」

你猜，這份「禮物」是什麼？

是的，裡頭包了一隻非常肥美的熟鴨子，牠正是夏天時吃掉布朗太太一整園蔬菜的那隻鴨。

看完了故事，不知道帶給你多少思考啟發？

就蘇西太太來說，千金難買鄰居情誼，鴨子闖禍之後的日子，對她來說是很辛苦的，但是想道歉卻又找不到好時機，想賠償，即使當下殺了鴨子也很難消弭兩個人心中的疙瘩呀！

那該怎麼辦？

很簡單，等待一個好的時機，以幽默與智慧化解隔閡，布朗太太自然願意和蘇西太太握手言和。於是，蘇西太太選在西方人最重要的分享愛的節日，向蘇西太太致歉，也幽默地以一隻肥鴨來讓她知道：「我和妳一樣，也很用心的把『菜』照顧長大！」

這是可愛的蘇西太太的解決辦法，你是否也學到了其中的技巧？

其實，人與人之間不是「應該」以和爲貴，而是每個人本來就「喜歡」與人和善相處，菜被吃光了還會再生長出來，但人的情感一旦出現了裂痕，便很難再密合。多一分誠意，便少一分對立，我們常說冤家宜解不宜結，只要肯以誠意相待，終能等到對方卸下心結的時候。

與其口是心非，不如機智應對

不必口是心非說假話，也不必昧著良心編謊話，當脾氣或真實感受不能直接表示出來時，不妨轉個彎，或是借物比喻。

在某個地方，有一個非常獨特的風俗習慣，村裡往生的人下葬時，必須要有一篇祭文來悼念亡者，若是沒有人致哀悼詞，往生者是不能埋葬入土的。

悼念文要怎麼寫才好？

根據當地人們的習慣是，以尊重死者為要，所以詞句必須得是「稱讚」死者的話，而且最好是越誇張越好。

然而有一回，當地有一名惡名昭彰的傢伙往生了，卻遍尋不著肯為他寫祭文的人，因而遲遲未能下葬，這也讓他的屍體在家裡多擺了兩天兩夜。直到第三天，總算有個鄰居因為看不下去了，答應為他寫份悼詞。

下葬這天，也是由這位好鄰居來唸這份悼詞。在棺木前，只見鄰居嘆了口氣說：「嗯，各位先生女士們，我們都知道這個死者是誰，他不只是一個小偷，還是一個騙子，更是一個嗜酒如命的傢伙！不過，我們也知道，若和他那兩個兒子相較，那他算得上是一名正人君子！」

聽完這位好鄰居的悼文，想必讓不少人拍案叫絕吧！不必口是心非說假話，也不必昧著良心編謊話，卻仍能給亡者一個「肯定」安慰，的確絕頂聰明有智慧，同時也說出了「上樑不正下樑歪」的實情。

透過這簡單的悼文，我們明白了父母親身教言教的重要性，也學習到了說話的技巧，當脾氣或真實感受不能直接表示出來時，不妨轉個彎，或是借物比喻，這都是不錯的方式，好像下面這一則例子。

在飯店內，約瑟夫請服務生拿幾個瓷煙斗，不一會兒，服務生便拿了三個過來。

可是，當服務生將煙斗擺放到桌上時，卻一個不小心把這幾個瓷製的煙斗全都碰倒在地上，轉眼，一個個精緻的煙斗全都破裂損壞了。

約瑟夫當場大罵：「這些煙斗肯定是用『十誡』做成的！」

「十誡？這怎麼說？」朋友不解的問。

「因為，它們就像十誡一樣非常容易被『打破』！」約瑟夫嘲諷地說。

從小地方觀察，我們不難看出一個人的成功失敗。十誡難守，瓷製精品易碎，同時也暗諷著老是破壞規矩的人，他們說十誡難遵行，精品難照顧，其實說穿了是他們做事不夠嚴謹，生活態度隨便所致。

如果我們不能妥善運用智慧，使自己成爲生活的眞正主人，那麼我們就會因而淪爲生活的奴隸。

想要讓自己的生活留下美好回憶，那麼就要養成嚴謹的態度！

話要說得有智慧，總需要自己去學習去體驗，然後在生活之中多用巧思應對，自然也能展現漂亮的機智反應。

除此之外，再從兩位主角的機智表現抽離出來，想想服務生的不謹愼動作，與惡人得不到人們的同情幫助，我們也能深刻明白處世態度的重要。

個人價值看似要到終點才能批評成果，但這價值總是點滴累積而來的，切莫因惡小而爲之。

同樣的，工作態度稍有一點漫不經心，不小心打破其中一「誠」，很多時候我們將付出的代價超出了那三只瓷品的價值呀！

喜歡賣弄，小心惹來嘲諷

喜歡賣弄，小心惹來嘲諷！別老想賣弄學識嶄露頭角，學習不夠踏實，學問不夠紮實，那麼處世還是低調一些比較好。

皮哈正在一塊小小的田地上辛勤墾地，在他腳邊放了一大包想要種植的豌豆。只見他非常努力地揮舞著鋤頭，慢慢的，地上出現了一個很大很大的凹洞，就在他把準備動作完成之時，他的朋友正巧來探望他。

「皮哈？你在做什麼啊？」朋友看著皮哈剛剛挖掘出來的一個個又深又大的坑洞，不解地問他。

皮哈笑著回應：「要種豌豆啊！」

「種豌豆啊，那你是不是應該再做塊墓碑呢？」朋友笑著嘲弄他。

「為什麼要做墓碑？」皮哈不解的問。

朋友冷靜地回答：「喔，看你把這些豆子埋到那麼深的地下，它們不是理應得到一塊好的墓碑嗎？」

看見皮哈的舉動，想必不少人的感想和他的朋友一樣吧。只是笑歸笑，這其中還真有著很深的旨意，它正是告訴我們，做學問也要做得紮實，想有一番成就，不是靠蠻力揮鋤頭就夠，也不是有了種子就萬事俱備。

如果不懂種植技巧，也不懂得怎麼照顧，有再好的田地和再好的種子也難見豐收時候，這也難怪會惹來別人嘲諷了！

簡單來說，想表現聰明也要有眞材實料才行，不然就會像下面這位老兄一樣自曝其短，落人笑柄。

圖書館內，一名醫學院學生向圖書管理員詢問：「請問，這裡有沒有最新出版的解剖學書刊呢？」

「什麼最新的解剖學？難道，這幾年人類的骨骼出現了什麼樣的新變化嗎？」圖書管理員似懂非懂地回應。

拜資訊科技的進步，知識越來越豐富多元，也越來越推陳出新，爲了讓人們更了解自己，也爲了讓人們更能把握未來，舊的知識被新的發現推翻是常有的事，而舊事物被新發明取代也早不是新鮮事。但很奇怪的是，在這個創新的年代裡，只有人們的觀念知識很容易出現停滯。

好像圖書館理員的可笑回應，又好像皮哈的好笑動作，其中表現的不是人們的單純天眞，而是故作聰明的無知。

喜歡賣弄，小心惹來嘲諷！別老想賣弄學識嶄露頭角，學習不夠踏實，學問不夠紮實，那麼處世還是低調一些比較好。如果，眞有實力上台，便可在台上大方表現聰明才智，讓人們相信我們眞有獨當一面的本事，讓他們看見我們在充分發揮之後，所開創的獨步一時的輝煌成就。

過度迷糊，人生難有出路

別再給自己「難得糊塗」的藉口，如果每個人都說自己是一時「糊塗」或天生迷糊，那不允許自己迷糊的人又該如何選擇同行的伙伴？

莎士比亞曾說：「傻瓜的愚蠢，往往是聰明人的礪石。」

確實如此，傻瓜就是最好的人生導師！只要明白傻瓜究竟蠢在哪裡，避免做出相同的蠢事，我們就不會經常鬧笑話！因此，千萬不要爲了一些不值得生氣的蠢蛋激動、捉狂。眞正擁有智慧的聰明人，非但不會爲了傻瓜的蠢行氣不停，還會把他們當成砥礪自己的鏡子。

巴伯和華德正著急地拍打著林中小屋的門，巴伯還大聲喊著：「快來人開門啊！

希望他沒事！」

巴伯正誠心祈禱時，門忽然打開了，屋主見兩位老朋友造訪，連忙親切招呼：「您們好啊！」

「太好了！」巴伯和華德齊聲呼喊。

「你們怎麼了？發生什麼事嗎？」屋主好奇地問道。

巴伯吐了一口氣說：「事情是這樣的，我們剛剛在林中發現了一具臉部被咬得面目全非的屍體，我們多害怕是你！」

「喔，那個人是什麼樣子的呢？」屋主好奇地問。

「他的身材跟你差不多。」華德回憶道。

「喔？那他是穿紅色的法蘭絨襯衫嗎？」屋主問。

巴伯說：「不，是深棕色的襯衫！」

只見屋主放心的說：「謝天謝地，那不是我。」

都說死者另有其人了，屋主還一再提問確認，最終還下了一個「還好不是我」

的結論，眞不知道是長居森林之中，難得看見朋友，所以想多聊一會兒，還是太少與人群接觸，所以思考、說話都亂了套？

其實，眞要是個迷糊的人也就算了，可是生活之中卻不是如此，許多人明明該清醒卻不願清醒，不該裝聰明時偏偏又好逞強鬥狠，好像下面這個例子。

有個酒鬼跌跌撞撞地走下樓來見客，朋友一看見他，便驚呼道：「天哪，你是怎麼了？怎麼兩個耳朵全都起泡啦！發生什麼事了？」

「唉，都是我太太啦！離開房間時，竟然把加熱過後的熨斗放在電話旁邊，我哪知道電話會忽然響起，我就這麼錯把熨斗當成了話筒拿起來，然後重重壓在這耳朵上！」酒鬼哀怨地解釋道。

友人聽了搖了搖頭，卻又不住問道：「那另外那隻耳朵又是怎麼搞的？」

「說到這個就更氣人，沒想到那個混蛋後來又打了第二通！」酒鬼氣憤難平地怒斥那個朋友的不是。

人生沒有給我們太多機會出錯，一次還得不到教訓，兩次還是怪責別人的錯，卻始終不認為是自己的問題，遇上這一類人實在難讓人有任何期待呀！

職場上，我們不也常見這一類型的工作伙伴？說他們「迷糊」其實是在幫他們找藉口，試想，如果每個人都說自己是一時「糊塗」或天生迷糊，那不允許自己迷糊的人又該如何選擇同行的伙伴？

眞正的成功者，經常是那些勇於超越自己的人。

也許你沒有顯赫的家世背景，沒有令人羨慕的耀眼學歷，但是，只要你願意挑戰自己，進而超越自己，改變迷迷糊糊的習性，照樣會有輝煌的成就。

別再給自己「難得糊塗」的藉口，不是所有情況都可以用迷糊裝傻這一招來應付。只要不把小迷糊培養成大迷糊，該謹愼的時候就凝神專注，逆境中自然能得到智慧的幫助，成就順境中的聰明處世之智！

惡習必須改進，生活避免陷入困境

壞習慣不改，生活時時都會陷入困境之中。看似簡單的生活問題，若是不想辦法解決，便有可能演變成了生活中的困擾。

男子坐在小房間裡對神父告解：「神父，我要懺悔，因為我經常從工地那兒偷走建築的材料。」

神父問：「你拿了多少？」

男子懊悔地說：「唉，很多。那足夠給我妻子、兒子和兩個女兒各蓋一棟房子，還能在湖邊蓋個度假用的小木屋。」

神父嘆了口氣說：「真是罪孽深重啊！得想個能讓你贖罪的大苦行。請問，你曾建造過靜修所嗎？」

男子搖頭，回答說：「沒有！不過，如果神父您能把設計圖給我，我保證一定能夠搞到建材。」

這人眞是內心愧疚有心贖罪，還是惡性不改，始終未思己過？

其實，我們都知道，生活態度一旦誤用，價值觀一旦誤植，壞習慣便會陷人於危機之中。於是，對於壞習慣我們總是一再叮嚀要即時改正，也一再要求自己早點修正，至於成功與否，就得看自己的決心了。

仔細想想，在我們的生活中是否出現了惡習，又是不是該想法子解決呢？思考的同時，我們再看一個因「習慣」所帶來的麻煩。

有個樂師住在倫敦市中心的一間公寓裡，每天都到將近凌晨才回到住所。工作了一天，讓他非常疲倦，每每回到家裡，他都是往床沿一坐，然後便用力將腳上的皮鞋踢掉。這動作看似沒什麼，但事實上那兩隻皮鞋在被踢掉的時候，因重力加速度，總是重重落到地板上。

皮鞋落到地上的「咚、咚」兩聲在平時或許並不引人注意，但對居住在樂師樓下的人來說，早已入睡的他們聽見這兩聲，卻有如驚天巨響，特別是皮鞋跟落地時，那聲音可是十分響亮的。樓下鄰居總要等到這兩聲響完之後，再喃喃說聲「謝天謝地」，然後才能好好睡覺。

有一天，樓下鄰居實在受不了每天半夜都要被這「咚、咚」聲驚醒，於是等到樂師回家後，便上樓向他訴苦：「能不能請你每天回來時動作輕一點？特別是皮鞋別再用丟的了，那聲音嚇得我快得心臟病了！」

樂師一聽，尷尬地頻頻道歉：「對不起，以後我會注意的。」樂師還非常誠懇地允諾，以後會輕輕的把鞋放在地毯上，絕不會再發出聲音吵醒他。

第二天，樂師一樣在凌晨快一點之時萬分疲倦地回到房裡，一時間卻忘記了昨天的承諾，只見他照舊往床沿一坐，然後先脫下左腳的皮鞋，跟著便往地上一丟，「咚」的一聲又再響起。

「啊，糟了！」就在他正準備脫下第二隻皮鞋時，忽然想起昨天答應鄰居的話。

於是，他小心翼翼地將右腳皮鞋脫下，然後輕輕地擺放到床邊的地毯上，這才倒頭呼呼睡去。然而，過了大約一個鐘頭之後，忽然傳來一陣猛烈的敲門聲。

「天哪，這麼晚了，是誰啊？」樂師不悅地說。

門一打開，眼前出現的人卻是住在樓下的鄰居，他滿臉愁容站在門口，跟著竟是結結巴巴地懇求：「拜託您了，求求您了，快扔了另一隻皮鞋吧！我足足等了一個小時，還沒聽見你扔第二隻鞋的聲音，唉，你什麼時候才扔呢？那聲音不結束，我根本睡不著啊！」

看見樂師忽然想起了承諾，也及時修正了動作，相信讓不少人很是羨慕，畢竟在現代社會中，很少有人會在乎別人的感受，許多時候我們一再拜託請求，也不見得能到好的回應。

在羨慕的同時，我們也輕鬆笑看著樂師鄰居的「習慣」，等不到第二隻鞋掉落的聲音竟然讓他無法入睡。

生活其實就是這樣，一旦習慣成了自然，即使皮鞋落地的聲音很吵很讓人心煩，總還是生活的一部份，若是出現任何變化，很多時候連我們自己也沒有把握是否能面對。

「習慣」的可怕便像這樣，決心不夠的人常常想改也改不了。所以人們常說，錯誤的路一步也踏不得，因爲一旦踏上了，多數人是難以回頭的。

或許，有人會認爲習慣聽見鞋跟聲只是小事一件，但別忘了，有人的情況可是像那木匠師傅呀！

別以爲只是小事就輕忽，也不要認爲可以透過告解來彌補過錯，一再犯錯，壞習慣不改，生活時時都會陷入困境之中。好像樂師的鄰居，看似簡單的生活問題，若是不想辦法解決，便有可能積習成疾，讓那兩聲鞋跟不再是安穩睡眠的前奏，反成了一個習慣上難解的結，甚至演變成了生活中的困擾。

坦然面對錯誤，人生腳步自然無誤

面對錯誤並坦誠己過，比心藏愧疚來得自在快樂。只要勇敢承擔面對，不只能仰頭面向人生，更能讓每一步都走得充滿自信。

面對即將行刑的犯人，天主教神父很認真地為他做最後禱告，結束時，神父慈祥地對犯人說：「高興一點，今天晚上你就要和聖母瑪麗亞，以及基督門徒們共進晚餐了。」

犯人聽了，回答說：「神父，今天是我的禁食日耶，不如您代替我去吧！我相信他們會很歡迎您，而我也會非常感激您的。」

在走到人生盡頭時候，還能如此冷靜幽默，相信這名犯人在最後一刻也明白了生之可貴了吧！

只是，跟著這安靜的氣氛反思，我們卻也發現，這一類人總是輕看小過，犯了大錯更是習慣推卸己過，總要等到錯已無可挽回的時候，才肯省悟自己的過錯。然而若是木已成舟，又要如何回頭彌補？

好像下面這則常見的事例，主角機巧逃避，似乎能逃避過關，但真發生在現實生活之中，我們該負起的責任，從來都躲不過的。

十字路口前，比爾一個不留神與另一輛車相撞。聽碰撞的聲音，撞擊的力道不小，這兩輛車應該撞得很嚴重，但沒想到比爾的車竟毫髮無傷，而對方車子的左側卻被撞出了一個大洞。

比爾下車察看後，先發聲說：「對不起，對不起，我真是太不小心了，這樣吧！你再打電話給我，然後修車費告訴我，我會負責這修車費的。」

說完，他匆匆上車，並立即發動準備離開。這時，被撞的司機連忙追問：「等等，你的電話號碼是？」

比爾匆匆探頭出來說：「喔，在電話簿裡啦！」

「什麼？那，那你叫什麼名字？」司機大聲問道。

只見比爾車子發動，然後頭也沒回地大聲說：「也在電話簿裡啦！」

話一說完，比爾便迅速駛離現場，獨留受害司機不知所措留在事故現場。

比爾故意先下車來裝模作樣一番，然後虛假地表示負責的意願，同時也取得了受害者的信任，進而讓人卸下了心防。一連串動作，當然無比冷靜理性，可卻也萬分巧詐，轉眼匆匆逃離現場的他，也留給人們許多省思的空間。

對人該怎麼提防又是否可以相信，很難用三言兩語說盡，多數要經過長時間相處之後才能確定。

再從前面兩篇故事中認真省思，要不犯錯或許不易，但是要擔起責任其實一點也不難。事故發生之後，誠意溝通面對，相信多數人還是能接受體諒的，但若是一味逃避閃躲，最終還是被人們抓住，此時他們的態度肯定不會太和善，畢竟，其間累積的情緒可不是一時便能安撫下來的。

簡單來說，面對錯誤並坦誠己過，永遠比心藏愧疚來得自在快樂。每個人都有難免犯錯，只要勇於承認錯誤，也勇敢承擔面對，我們不只能仰頭面向人生，更能讓生活的每一步都走得充滿自信而不遲疑。

輯 7.

要真心相對，不要針鋒相對

對人要少一點針對，
生活要少一點歧視和算計，
少一點針對性的玩笑，
相信你的人際關係從此會變得精采富足。

說聲「對不起」也是一種勇氣

人和人之間難免會起衝突，意見相左也是常有的事，然而在衝突過後，說聲「對不起」沒有這麼困難。

法官問阿卡斯德：「您是不是在電話裡罵了約翰先生？」

「是的！」阿卡斯德坦白承認。

法官又問：「既然你這麼誠實，那我給你兩個選擇，一是你親自向約翰道歉，二是到監獄蹲一個月，你要選擇哪一個？」

「我決定向他道歉。」阿卡斯德說。

就這樣此案了結，然後只等阿卡斯德的「道歉」了。

阿卡斯德當天晚上撥了電話給約翰：「您是約翰嗎？我是阿卡斯德！」

「嗯，什麼事？」約翰冷冷回應。

「是這樣的，今天早上我們兩個人激烈爭論之時，我曾叫您『去見鬼』！」阿卡斯德回答說。

「是。」約翰冷冷應了一聲。

「那，您就別去了！」阿卡斯德話一說完便掛斷電話了。

這個讓人忍不住大笑的道歉對話，還眞不是普通人想得出來的台詞。推敲阿卡斯德的心情，想必是在極不甘心的情況下撥這通電話的，撥了電話，卻還是說不出「對不起」這三個字，讓人不禁搖頭嘆息。

對照現實生活中的你我，是否也和他一樣，在非得用到「對不起」這三個字時，偏偏像是嘴裡含了顆珍珠般，怎麼也捨不得吐出口，然後任由時間推進，任由各方當事人的情緒燃燒，終而撕破了臉，從此變成了敵人。

如此情況，會不會太不值得了呢？

一如下面這個男子，如果在被人嘲笑之後，他能寬心化解，那麼相信他在這一年所擁有的東西會更多。

「大律師，如果有人罵我，說我像一頭犀牛，我能不能控告他？」律師事務所裡，一名男子問。

「當然可以，請問，他什麼時候罵你的呢？」律師問。

「什麼時候？大約一年多以前吧！」男子嘆了口氣說。

律師一聽，吃驚回應：「那你早該控告他啦！」

沒想到男子無奈卻表示：「我也想早一點告他啊，只不過我東奔西找，一直到昨天才看見犀牛是長啥模樣啊！」

因爲沒見過「犀牛」，所以不知道是否要告對方，之所以保留的原因，想必是因爲他不確定犀牛長相如何，如果這頭「犀牛」長得可愛迷人，或許這男子就不會告對方了吧！

只是，不管告或不告，男子一年來爲了親眼證實犀牛的長相，卻也浪費了大把的時間和心力，爲了爭回那一口氣，這一年來恐怕失去了不少寶貴的東西。

走出故事裡的小世界，想想人與人之間的爭執，很多人往往只爲了一時情緒而與人爭得面紅耳赤，甚至非要得出一個你死我活的結局，眞的十分可笑。

忘記昨天的爭戰情緒吧，忘記早上的鬥嘴畫面吧，既然氣都已經發過了，只要再一句「算了」，便能重返快意的生活。

其實，人和人之間難免會起衝突，意見相左也是常有的事，然而衝突過後，說聲「對不起」沒有這麼困難，願意放寬心「原諒」其實也很容易。

只要有心，面子並不是眞的那麼重要。又何必非得要爭得一口氣，或非得情緒化的爭回面子，才肯罷休呢？

心機越少，感情越好

做人應該誠懇實在，多點包容心，也多點體貼心，才能真正贏得對方的心，也才能讓我們隨手揮灑都得見「真智慧」。

牧師講道時，發現有個人正在打瞌睡，於是決定好好教訓他一下。

「各位，願意上天堂的請站起來。」牧師說。

只見台下觀眾席上，除了那個打瞌睡的人之外，其他人全都應聲起立。

「很好，請坐下。」牧師說。

等大家都坐下後，牧師又繼續問：「那麼，有誰願意下地獄的，現在請站起來！」

牧師在提出這個問題時，故意將音量放大，那個打瞌睡的人這時也被驚醒了，

茫茫然地站了起來。

其他人見狀，一個個全忍不住竊笑，至於那個打瞌睡的傢伙，這會兒似乎仍未清醒，睡眼惺忪地問牧師：「為什麼只有我和你站著啊？」

想教訓別人，未料卻被人反嘲回去，這結果想必連牧師也沒有料到吧！

再看這個打瞌睡的信徒，似醒非醒的回應，卻讓人覺得別具智慧。不論他行爲上的對錯，日常生活之中，很多時候，我們不也經常爲了與人較量，反被將了一軍，或偶爾想賣弄聰明，卻偏偏錯用聰明，倒成了傻瓜。

做人應該誠懇實在，多點包容心，也多點體貼心，才能眞正贏得對方的心，也才能讓我們隨手揮灑都得見「眞智慧」。

簡單來說，沒有眞智慧就不要隨便賣弄小聰明，不然就會落得像下面這則故事裡的學生一樣的下場。

有個大學生找到一間新的居所，為了留給房東太太一個好的印象，想出一個絕佳的開場白。

大學生一看見房東太太，便以極其感性的口吻說：「房東太太，我一定要告訴您，想我當時要搬出來的時候，那裡的房東太太可是哭著不讓我走呢！我……」

「放心，我絕不會讓那種事發生！」房東太太忽然打斷他的話，跟著補充說：「因為，在我這裡居住的所有房客，都必須先預繳半年的房租才行。」

大學生一聽，瞪大了眼睛說：「哪有人這樣的？」

「有，這樣才能確保我到時候不會對著你哭！」房東太太冷冷地說。

這位感性卻缺乏理性的大學生的確很有心，想以「感性訴求」拉近房東太太的心，卻沒想到弄巧成拙，反而讓房東太太誤解了其中涵意。

其實，連絡感情的方式有很多種，太過刻意拉攏的動作大多讓人覺得虛假，無怪乎房東太太的回應會如此「幽默」又冷淡。

和上一個例子一樣，心裡若少了一份「眞」，傳教解惑多了點計較，與人溝通情感總另有所圖，恐怕只會讓人與人之間的距離漸漸加大。

信徒睡著了，何不多點耐心等待，或是用心想點吸引人的花招來「驚醒」他，好成全傳教的「圓滿」才是，若是有心「耍弄」，害信徒丟臉尷尬，根本無助於信徒對信仰的忠誠。

相同的，想留給房東太太一個好印象的大學生，與其誇口和前一位房東情感有多深厚，不如從今天起，努力在生活中展現自己好相處的一面，讓房東太太真實感受到自己的好。

心機越少，感情越好；人際關係少一點眞就不對味，多一點心機就要鬧別離。

如果希望自己在人際溝通上能有好的成果，千萬別忘了用幽默傳達自己的「誠懇眞心」與「容人之心」。

多說好話，就可以減少摩擦

想規勸他人，要少一點針對，也要少一點嚴苛的指責，最簡單的方式就是多站在對方角度去思考問題，多體貼對方的感受。

某神父最近觀察到一個情況，每當他傳道的時候，聽眾之中有好幾個總是會打瞌睡，有的人甚至還非常不禮貌地鼾聲大作。偏偏這些人在別的神父傳道時，卻一個個都能精神抖擻，凝神專注，甚至連眼睛都不曾眨一下。

有一回，這神父傳道完之後，忍不住滿腹疑問地走到一位剛醒來的信眾身邊問道：「為什麼你在我傳道時都會打瞌睡，在別的神父傳道時卻不會呢？」

這聽眾聽了，先是打了個哈欠，然後伸了伸懶腰，說出了理由：「原因很簡單啊！因為你傳道的時候，我們絲毫不會懷疑你說的話是否正確。但是，其他神父來向我們傳道的時候，我們可就不敢有這樣的想法了，所以，我們不得不好好地監視他、盯住他。」

神父雖然心中仍有些困惑，但聽見信眾如此肯定自己，不覺有些飄飄然，對於信徒的話就毫不懷疑的接受了。

當神父開心的接受信徒的理由時，想必令不少人不禁莞爾，當然也必定讓不少人對這名信徒的機智回應深感佩服吧！

從另一個角度看，明明是聽講聽到打瞌睡，明明是這位神父演講不如別的神父精采，但信眾卻還能想一個如此漂亮的理由，體貼保護神父的面子問題，確實不是一般人能及的。

日常生活中不少人在待人應對時都習慣直接回應，總是忘了關照別人的想法與感受，忽略了要體貼他人的情緒，以致人際互動時增添了不少摩擦。

一如故事中的情況，要是不懂得轉彎，不懂體貼的人，想必答案會是：「因爲你講得很無趣！」是不是呢？

若是雙方互有心結，見面對話總是針鋒相對，不見和氣，爭執便一觸及發好像下面這個例子。

有位美國牧師剛從英國訪問回來，正準備搭火車返回家鄉，當他一走進車站大廳，就碰上了他所屬教區的一位居民。

「拉姆先生，你怎麼在這裡？難道小鎮出了什麼事？」牧師擔心地問道。

「是的，牧師先生，發生了一件非常悲慘的事情。唉，就在你離開美國之後不久，一場龍捲風捲走了我的家。」拉姆哀怨地回答說。

牧師搖了搖頭說：「親愛的，我就知道！我一點也不覺得驚奇，拉姆，你還記得嗎？我早就警告過你了，你卻一點也不聽，依然故我，一味的放縱自己，還偏執的用錯誤的態度生活，這真是惡有惡報，誰都無法迴避啊！」

拉姆聽了，很不以為然地說：「我說牧師先生，就我所知，那場龍捲風似乎也把你的家給捲走了！」

「喔，是嗎？」牧師聽了驚呼一聲，但旋即便冷靜下來：「阿門，想必上帝以

為我去了英國之後便再也不回家了！」

牧師的機智爲自己解了圍，但是恐怕很難圓融兩個人的關係了，當牧師不懂將心比心，體會拉姆受災的心情，還硬要把慘劇歸給因果，甚至在拉姆身心俱疲的時候大加斥責，顯然十分不通人情。

多數天災因果論總是因人的需要而強加附會，眞能套用在所謂的命理果報中的機率幾乎等於零。

想規勸他人，要少一點針對，也要少一點嚴苛的指責，最簡單的方式就是多站在對方角度去思考問題，一如第一則故事中的聽眾一般，多體貼對方的感受，然後順著這份體貼心去尋找對方較能接受的勸告。

如此一來，才能眞正達到圓滿勸諫的目的，也才能多得一個肯聆聽自己意見的朋友。

多點正向思考，才不會時常求饒

多給自己一些正向思考。誡訓教的道理不是要我們壓抑，而是要能舉一反三，也能靈活運用，更重要的是選擇的方向要正確。

蘇聯作家愛倫堡曾經說過這麼一段話：「對一個人來說，日子過得快不快活，不在於他的家世、他的膚色、他的財富，或是他擁有什麼權力和地位，而是他用什麼心情面對自己的人生。」

其實，人生會有多少價值，完全在於自己如何經營，只要叮嚀自己隨時保持積極樂觀的心情，就能營造出美麗的人生。

神父演講完之後，起身對聽眾們說道：「聽好了，就我所知，現場好像有人正在與別人的妻子調情，那個人聽清楚了，如果你不把五塊美元放進這個籃子裡，等一會兒，我會當場公佈你的名字！」

籃子在祈禱人群中傳遞了一圈，最終回到神父的手中，只見神父翻了翻籃子裡的錢，卻見十九張五美元面額的鈔票，和一張夾附了一張字條的二塊美元，上面寫著：「請允許我三塊美元先欠著，請相信我，明天一定會帶來。」

非常有意思吧，其實神父是否眞的知道「外遇犯」是誰，一點也不重要，重要的是，「外遇犯」總還是逃不出「心虛」的手掌心，這麼一個小威嚇便逼得他們現出了原形，一一坦承過錯。

換個角度想，爲何人們在犯錯前不能三思後行，偏偏要等到木已成舟後，才讓自己過著心驚膽跳的日子，還要天天煩惱著醜事被揭發的時候呢？

請求神父一定要相信自己會把錢補足，不如請求自己別再犯錯。勇敢認錯承擔，或許要比擔心神父把醜事揭穿來得坦然自在吧！畢竟，錢封得了一時的缺口，卻補塡不了越陷越深的洞口。

當多數人從誡訓中用心自省時，總有另一些人的心念始終只想著如何取巧投機，甚至是利用神聖的信仰來粉飾己過。

在某間教堂內，祭司正專注的逐條誦唸十誡。當祭司唸到某條誡律之時，有個信徒忽然用手捂住了嘴巴，然後呆呆地望著天花板出神，幾分鐘之後，又看見他忽然用手猛地拍了自己的頭，臉上還出現恍然大悟的神情。

祭司看了不禁皺眉，心裡想著：「他搞什麼鬼？」等到彌撒一結束，祭司立即把那個信徒叫來問話：「剛剛彌撒時，你為什麼要做那麼多些奇怪的表情和動作？」

沒想到這信徒竟大方的說：「喔，事情是這樣的。當祭司先生您說『絕不能偷盜』時，我忽然想起我有一個領帶夾不見了；接著當你說到『絕不能姦淫』時，嘿，終於讓我想起那個領帶夾被我忘在什麼地方啦！」

面對宗教，有些人眞的只是「拜心安」的，一如故事中的信徒，自省動作還未開始，就已分心轉移注意力，這一類人從不思考誡條所提示的教訓和自省，總是想著現實且取巧的事情。

這樣的人不管是非對錯，只要能讓自己不用負責，甚至還會鑽誡律的漏洞狡辯說：「他只說這個不能，沒說那個不行啊！」

行或不行，對或不對，答案其實早在你我的心中。

選擇偏斜的解釋，不是因爲教義沒說清楚，而是有心犯錯的人心裡早已計劃周全，要給自己一個犯錯的藉口，或給自己一個逃避的理由。

笑看故事，更應冷靜省思，時時請求原諒、請神救贖的人，不如多給自己一點微笑叮嚀，多給自己一些正向思考。

誡訓教的道理不是要我們壓抑，而是要能舉一反三，也能靈活運用，更重要的是選擇的方向要正確。

就好像故事中的信徒在那個情況下想起了遺失的領帶夾，我們該思考的，不是追憶遺落的地方，而是曾經做的事，到底對或不對啊！

要真心相對，不要針鋒相對

對人要少一點針對，生活要少一點歧視和算計，少一點針對性的玩笑，相信你的人際關係從此會變得精采富足。

傑克在路上遇到了一位行事作風非常矯情虛偽的神父，由於這神父外表長得十分抱歉，讓傑克忍不住想嘲諷他的長相。

這天他對著神父說：「神父啊！你天天讚美上帝，該不會是為了報答祂給了你如此英俊面貌？」傑克強忍著笑意說。

神父當然聽得出傑克的嘲諷，只見他頓了一下，然後高傲地說：「我知道自己長得不怎麼樣，不過，至少上帝賜給我的知識和你的頭髮一樣多！」

「喔！真是這樣嗎？」傑克聽了不禁冷笑一聲，隨即便見他伸手住頭，腦袋上的毛髮就這麼被抓了下來。

「神父哪！我可是個禿子喔！」傑克大方展示他光禿的頭頂，然後大笑著離開。至於神父，則滿臉尷尬地站在原地，看上去十分氣惱。

生活之中，總有各式各樣的人，要說他們壞卻又不是太壞，要說他們好卻又似乎不是那麼和善，前者就像故事中的神父，後者則如傑克。

類似的針鋒相對，在你我身邊經常得見，或許我們也都曾經這麼做過。然而，那種類似玩笑式的互動，很多時候反而經常對人造成傷害。

也許傑克的最後一擊十分成功，但若是從人際互動上思考，喜歡或是不喜歡一個人總是因人而異，當社會潮流走向偏激的個人主義時，這種幽默可是一點也不可愛，也不值得學習。

用話傷人簡單，可是之後若想用好話縫合兩個人的關係，恐怕並不容易！

因爲，人與人之間的信任感與友善情意一點也不容易累積，有多少原本關係緊密的人心，到後來竟只是爲了一句無心話語而撕破碎裂？

對人要少一點針對，生活要少一點歧視和算計，如此一來，才能得到人們眞心相待，即使是關係很淺的兩個人，也要能眞心以對，不要心存算計，如此才能得到人們的甘心付出。

婚禮剛剛結束，新郎便開心地問牧師：「我需要付多少錢給您呢？」

「喔，這服務我們一般是不收費的。」牧師先是拒絕，但後面卻又補了這一段：「不過……如果你堅持的話，就依您妻子的美麗程度來付錢吧！」

新郎點了點頭，接著從口袋裡掏出了一張一塊美元舊鈔給牧師。牧師接過錢時，忽然轉身掀了新娘的面紗看了看，便把手伸進了自己的口袋裡，掏了一枚五十分，對著新郎說：「來，我得找你五十分。」

笑看神父最後的動作，卻也讓人輕嘆。

其中描寫人性的虛僞和矛盾作爲十分深刻、眞實，現實生活中，像這一類的人經常可見。

明明說不收錢，卻偏偏補了一句「看誠意」；明明不想付錢，還硬是做了一個「心不甘，情不願」的掏錢動作，怎不可笑？

既然無心付出，那就不必勉強自己，不然只會讓自己多得一個難堪；如果那麼想要人們付出，就大方表明心中的欲意，別再矯情作態。能將心中眞意誠實地表現出來，反而更能得到人們的體諒。

不想人們猜測不中你心，不想讓人們誤解你情，還是多點「眞心」，多多表現你的「眞性情」；若是不想被人們有心傷害，若是不想生活中常見人們的敵意，那麼不妨少一點惡意的八卦，少一點針對性的玩笑，相信你的人際關係從此會變得精采富足。

貪圖利益，機會將跟著失去

當利益出現了，有多少人能拒絕貪婪，謹守本分不踰越？生活價值總在一念之間，一個人的生命價值，也常常取決於那一念之間。

猶太教的誡律十分嚴謹，其中有一條規定：「安息日絕不能摸錢！」

這天，有兩個猶太人走在街上時，其中一個人向朋友提問：「如果你在安息日那天，看到路邊有一個裝了一千個錢幣的錢袋，你會撿起它嗎？」

朋友一聽，連忙制止他：「噓，你小聲點啦！今天又不是安息日。你說的錢袋在哪兒啊？」

一說到錢，果然吸引人，不過是個「假如」，便讓人著急詢問錢的方位，雖然明知道安息日連錢字都不能提，但眞要是有人送到眼前，相信沒有人敢保證自己不會「見錢眼開」吧！

要是遇到了這一類向「錢」看齊的人時，該怎麼應付呢？

其實，方法很多，這裡我們再請猶太人的經師拉比來和大家分享經驗。

有一年，當地一個富翁捐了一百盧布給經師運用，對拉比說：「我想請您幫忙，請好好利用這筆錢，好讓當地教區的各項建設能早點完成。」

不過，就在收到捐款的第二天，有間喪葬公司派了一個代表來找拉比。

那人對拉比說：「拉比大人，不如把那一百盧布用來整修教區的公墓吧！」

拉比聽了，卻沒有任何表示，只說：「這個建議不錯！」

代表見拉比沒有立即答應，連忙又說：「請聽我說，我們一定要把錢用在整修公墓上，不然，牲畜肯定要跑進公墓中，破壞損毀那些神聖的墓園啊！」

拉比一聽，揮了揮手說：「我知道啦！」

代表見拉比的態度較肯定了，臉上馬上堆滿了和氣的笑容，不過就在這個時候，拉比卻有意無意地喃喃著：「我真是不明白，怎麼牲畜這麼快就知道有人捐出一百盧布了呢？」

拉比嘴裡指的「牲畜」，其實正是那些貪圖這筆「捐款」的人們呀！

一說到「錢和利」，出現的醜惡人性，古今中外皆同，一個個無不細心撰寫篇篇爲錢爲利爭鬥的可笑競逐劇本，誇張的劇情往往超乎你我的想像，當然，更多時候，是讓人無限感慨且不勝唏噓的。

故事提供了一個思考的媒介，給人無限的省思。當利益出現了，有多少人能拒絕貪婪，又有多少人能謹守本分不踰越？

生活價值總在一念之間，一個人的生命價值，也常常取決於那一念之間，安息之日的約束只是個考驗，但人們很多時候連幾秒時間都無法忍耐、克制，試想，我們又如何能期待他們成就什麼樣的功業？

一個人的成就常常是見微知著，看似微小沒什麼意思的動作，卻也常常突顯了我們對人生的態度與生活的堅持。

人生有很多選擇題，但這，些題目卻沒有公式可套，也沒有標準答案，雖然每個人可以選擇的答案都不同，但必須用更豁達的心胸面對。

你為什麼而活，你用什麼角度看待你的人生？只要先認清你的生命態度，那麼，再顛簸的路，也會因為你清楚自己的人生路而被鋪平。

別忘了，生活錯踏一步便很難重來，也許繼續前進還是有機會回頭，但是，再回頭重新開始，我們已經比別人浪費更多的人生時間呀！

時時懷著感恩的心

時時心懷感恩吧，能力有限無妨，無力以金錢支持也沒關係，與人相交，絕不能翻臉不認人，更不能無情對待。

世間沒有單純的幸福，也沒有單純的不幸，它們就像骨和肉一樣，相互連結在一起，也像是人生樂章當中相互交錯的旋律。

因此，對於讓自己感到苦惱煩憂的事情，與其想盡辦法逃避，不如以坦然的心情去面對，因爲苦惱之後接著就是快樂。

這天，神父一大早就來到牙醫診所求救：「醫生，我牙痛了一夜，麻煩你快點幫我處理！」

醫生看了看，對神父說：「放心，小問題馬上就能解決。」

醫師幫神父拔牙之後，還親切地對他說：「神父啊，復活節就快到了，這診療費我就不收了，就當作是我送給您的復活節禮物吧！」

神父一聽，卻說道：「好是好，不過……你可千萬不要對任何人說起這件事呀，因為，我怕其他的人會比照辦理。要是他們一個個都不送我禮物，全都說要來拔我嘴裡的牙，那我可怎麼辦啊？」

不管這位神父是單純可愛還是笨，看了這個笑話不禁讓人忍不住要笑他想太多了，只是換個角度思考，其中又似有另番寓意。

他的話語不正隱約向牙醫嘲諷人們的現實心？

包括牙醫在內的信徒，年年都得準備禮物，其中總不乏一些心意不夠眞誠的人，若不是爲了「神」，若不是害怕動作不夠確實，怕得不到神的關愛祝福，也許是邊準備邊埋怨著：「年年準備，都不見祂賜福給我！」

人心現實雖然正常，但過分現實，連丁點容納互助的心都沒有時，又怎能看得見生活中需要的正面力量？

就像下面這則笑話，當乞丐也害怕他人來搶地盤時，偏頗的價值觀確實也讓人擔憂。

橋下，有好幾個乞丐正在聊天，其中一個人說：「聽說最近米油大漲價，城裡的人一個個正埋怨發愁著。」

「我也聽說了這件事，唉，真可憐……」另一名乞丐說。

「嗯，我們比起他們還好過，既不用買米，也不用買油。」一名老乞丐說。

「是啊，是啊，我們也不必愁房租……實在是很幸福。」又一名乞丐說。

這時，其中一個一直沒說話的乞丐，忽然伸手捂住最後那個乞丐的嘴巴，然後斥喝說：「喂！你說話小聲一點好不好！要是讓城裡的人們聽見，大家都想來當乞丐了。」

從城裡人手中得到幫助的乞丐，最終還是只想到自己，他們不想如何感恩圖報，卻煩惱著那些曾經伸手幫助的人會來搶他們的飯碗。類似的情況，在你我身邊其實也很常見。

當別人在我們最困難的時候無悔幫忙，但最終不少人給的回報卻是背叛。

有人說人心原本現實，有人說人性原本黑暗，但是，我們爲什麼不多取正向的思考？

每個人總會有需要幫忙的時候，今天或許可以獨自解決，但不代表我們永遠不會遇到需要別人幫助的時候。

時時心懷感恩吧，能力有限無妨，無力以金錢支持也沒關係，與人相交，絕不能翻臉不認人，更不能無情對待。

即使糧食不多，但只要能誠心與人分享一口飯，總有一天，無論是自己或他人乾坤逆轉時，人們總不會忘記與你同甘共苦的那些日子。

輯8.

別讓幽默變成荒謬

做人當然要幽默，
但是自以為是的幽默，
往往使自己的說詞變得荒謬。
想要展現幽默化解尷尬之前，
先想想自己編的理由是不是天方夜譚！

不要讓負面情緒左右自己

機會從不放棄任何一個人，多數情況是我們自己一再放棄了伸手就能抓住的每一個機會，用樂觀開朗的態度面對自己的人生吧！

一個新進犯人問管理員說：「為什麼這窗外要裝上鐵欄杆呢？」

「為了安全啊！」管理員理所當然地回應。

「安全？拜託，這房間內空蕩蕩，還怕被人偷啊！」犯人嘲笑著說。

管理員看了犯人一眼，冷冷地回答：「你錯了。我們不是怕『東西』被偷，而是怕『人』被偷！」

管理員幽默的回應，正好反映了犯人的無知與頭腦簡單，無怪乎這個犯人會被

抓進牢裡啦！

從這個犯人的問題當中，想必使人想起不少新聞畫面中那些狀況百出的笨小偷，有人想偷東西結果反被困在屋裡，等著警察來抓；還有人是東西到手了，卻偏偏掉了身上的皮包，正巧成了員警建功的證物。

舉出的這些例子，不是嘲弄他們笨頭笨腦、笨手笨腳，而是想呼應故事中的寓意：「自作聰明，總被聰明誤。」

想幹壞事的人無一不是費心籌謀，看起來似乎萬無一失，絕對不會錯手，可是偏偏每一個都失手！

其中原因無他，走暗路，光線不良，道路崎嶇，犯罪者的心情更是七上八下，心驚膽跳，試想這條「不歸路」又怎麼會走得順呢？

或許有人會說，他們之中總有些「逼不得已」的犯錯理由，但同情罪犯等於傷害自己，因爲當我們一旦「同情理解」，他們就會利用你我這個弱點一再犯罪，一再用這個藉口戕害社會，一如下面這個例子。

典獄長看著剛入獄的慣犯說：「喂，我們又見面了！」

犯人嘆了口氣說：「唉，沒辦法呀！你知道的，現在錢越來越難賺，以我的收入也只住得起這兒啊！」

這個犯人頗有幽默感，卻不知腳踏實地努力，最後只能把幽默在鋃鐺入獄後自我解嘲，未免太諷刺了。

眞的是錢難賺？還是他根本自始至終都不曾努力工作呢？

回到現實生活中，我們不難見到許多異鄉人從故鄉來到異國異地賺錢工作，薪水可不比我們多啊！但我們可曾聽見他們埋怨錢難賺？又有多少人因此而找藉口投機犯罪？

在街邊，有人肯低頭彎腰，以回收工作為業，一塊一塊累積財富，甚至因而累積成小康之家，他們也曾走過三餐不繼的時候，其中還有不少人將累積而得的錢財捐助他人，這一類人生活的辛苦更甚於你我。試想，他們能不埋怨，積極努力，我們又有什麼理由說「做不到」？

嘴裡說著「沒收入所以想進牢房」的人，只懂埋怨社會的不足不公，卻少有人懂得反省自己的心態偏差啊！

不要讓負面情緒左右自己，莫把自己的責任推給別人，不妨多想想，有人可以勒緊褲帶，忍饑努力走向知足，珍惜每一餐米飯，你爲何不能？

別再朝投機方向思考，關鍵不在於社會環境的機會多寡，而在於你是否相信自己，又是否願意付出努力。

機會從不放棄任何一個人，多數情況是我們自己一再放棄了伸手就能抓住的每一個機會，用樂觀開朗的態度面對自己的人生吧！

用幽默面對挫折，避免重蹈覆轍

只要我們能大方面對生活的艱難，也能冷靜思考跌倒的原因，用幽默的態度記取教訓，你我的人生路必定能順心如意！

在某節火車廂裡，有位猶太老人與一位俄國軍官面對面地坐著，這時老人家拿出了青魚開心地吃了起來。俄國軍官看著他，猶太老人也看了他一眼，只見這俄國軍官態度有些不屑地問他：「為什麼大家都說你們猶太人很聰明呢？」

猶太老人笑著對俄國軍官說：「我們是很聰明，但卻不是天生的，這一切全得歸功於青魚頭！」

「青魚頭？那是什麼意思？」俄國軍官問。

老人家神情得意地說：「因為，我們都是把整條青魚吃下肚。也就是說，當別人都把魚頭丟掉時，我們可是連頭都吃下肚，所以我們比別人聰明囉！」

這俄國軍官一聽，若有所悟地說：「原來如此。我懂了！那麼，你能賣給我兩個青魚頭嗎？」

老人一聽，爽快地答應：「非常樂意，給我兩個盧布吧！」

俄國軍官從老人手中拿過兩顆「魚頭」，雖然這魚頭聞起來有些噁心，但為了「聰明」，他還是一口氣把兩顆青魚頭全吞了下去。

但才剛吞完青魚頭，軍官忽然想到什麼似的，大喊道：「老傢伙，竟敢騙我錢，你買的青魚哪有這麼貴！」

猶太老人聽了，微笑地點頭說：「你看，這不就馬上起了作用？」

看著猶太老人輕鬆應付，讓人也感到一陣輕鬆快意。

是呀，何必跟人爭得面紅耳赤，何必與人辯得嘴角起泡？靈活運用自己的機智幽默，不就能讓兩個人的才智分出高下？

再從俄國軍官的角度思考，這個難得的機會教訓，或者是他一生之中印象最深刻的經驗，畢竟，習慣站在制高點看人的軍官，難得受到如此嘲諷，也難得能得到智者的教育點化呀！

每個人一生之中都有許多學習的機會，但不是每個人都能得到教訓，有不少人總是要等到受騙上當或失敗挫折的時候才知道：「他們說的話還眞有道理。」

這就好像下面故事中比德的情況。

比德不顧家人的反對，飛奔進牧場，執意要參加這場「無鞍」的騎馬比賽！但沒想到他才坐上馬背不到幾秒，旋即被馬狠狠地甩到了地上，這一摔，還讓他昏迷了過去。

等他甦醒了之後，朋友到醫院探望他，關切地詢問：「你還好吧？現在覺得怎麼樣呢？」

沒想到比德竟說：「還不錯！這場意外讓我終於了解了我父親的遺願！」

「遺願？你父親也想參加無鞍騎馬比賽？」朋友問。

「不，他老人家一直希望我做事能『三思而行』！」比德尷尬地說。

就像比德一樣，我們總是要等到自己遇上了，才會領悟個中道理。不過，其中利弊，有些時候得視情況而定。

從另一個角度思考，這兩則故事中的主角情況其實也不算壞，雖然傷害造成了，也付出了一定的代價，但吃了苦頭之後，只要能好好的記取教訓，別再歧視他人，也不要自視過高，從此事事都能「三思而行」，那曾經失去的將會以加倍的數量還給他們的。

再從勸說者的角度來看，或許他們的情況讓人擔心，但在非常情況下，不妨放手讓他們去試吧。因爲一個缺乏親身經歷的人，很難體會別人的擔心，更無法領悟別人爲何一再叮嚀的原因。試想，我們不也是親自歷經了各式磨難與辛苦之後，才學會事事要三思而行，學會怎麼展現聰明智慧，不是嗎？

別埋怨生活中爲何有那麼多陷阱，也不要抱怨人生困難重重，其實人生不怕犯錯跌倒，只怕一再地重蹈覆轍，只要我們能大方面對生活的艱難，也能冷靜思考跌倒的原因，用幽默的態度記取教訓，你我的人生路必定能順心如意！

再多幽默，也掩飾不了犯錯

千錯萬錯也都是別人的錯，但以結果來看，那責任依然是自己必須承擔的，任何理由都無從卸責。

有個外籍勞工捲入了一場銀行搶案，在法庭上不斷反覆用自己的母語向法官解釋他是無辜的。

法官認真地聽了老半天，卻始終聽不明白他說的話，最終只好無奈地問他：「你會說英語嗎？」

這外籍工人點頭說：「只會說一點點……」

法官點了點頭說：「沒關係，就以你會說知道的英文來解釋這件事吧！」

只見這外籍工人吐了口氣，然後說：「統統不許動，把錢全部拿出來。」

法官一聽，冷笑一聲說：「你的英文說得好！」

語言不通反而成了這外籍工人「認罪」的最佳證詞，想必連法官大人也沒料到吧！只是，就算眞料到了，再多的謊言或求饒也無法掩蓋犯錯的事實，畢竟眞相是隱藏不了的，再怎麼避責也無用。

就像故事中的外籍搶匪，無論他說得多麼無辜、多可憐，也不管他是怎麼被煽動引誘，終究必須承擔罪責。

一時轉錯的心念往往使人步上歧途，別想躲過責任與良心的責罰，若想推卸責任更是難如登天。好像下面這則故事一般，看似輕鬆瀟灑的回應，看似機智正當的理由，卻反而更顯出犯人價值觀的錯誤。

法庭上，法官對著一名慣竊訓斥說：「好好想一想，你這一生中到底有沒有做過一件好事？」

犯人一聽，用力地點頭說：「有！當然有啦！你好好想一想，如果不是我，閣下和警察們不就要失業了嗎？」

慣竊的強詞奪理或許讓人覺得好笑，但這個自以爲是的幽默卻讓人覺得沉重。試想，這理由中不正隱隱透露出這個犯人根本不知悔改？

要把幽默用得更靈活，但不要用幽默來掩飾自己所犯的錯。

多數犯錯的人心裡總有個自以爲正當的犯錯理由，說是因爲不敵貪婪心當然是藉口；因爲朋友鼓動，也只是想要推卸責任的人最常使用的推諉原因。聽起來所有錯誤都是事出有因，千錯萬錯也都是別人的錯，但以結果來看，那責任依然是自己必須承擔的，任何理由都無從卸責。

職場上，有不少人喜歡耍弄心機，設局害人，說是爲了制敵，或說是爲了打敗對手，總說得一副情非得已的模樣。可是在犯罪之前，想犯錯之前，難道他們眞的沒想到後果？

當然不是沒有設想後果，只是他們設想之後，仍舊選擇貪一時之利，逞一時之慾。這一類人大都心存僥倖，總是不肯再深入考慮後果，更不肯冷靜深思自己的行爲有多不應該。

看別人的故事，想自己的人生，無論我們在什麼位子上，心念一定要持正，也一定要時時省思自己，犯錯前先停下來多想一想吧。

新聞畫面裡，那些犯人們在面對審判或受害者的指責時，總是可憐兮兮地請求原諒，總是心虛地在鏡頭前東躲西藏。只要心念一轉，就能及時發現自己可能犯錯。與其心存僥倖的幻想，不如好好想想在被關進囚牢時，自己會是什麼可悲的「落魄」樣。

別讓幽默變成荒謬

做人當然要幽默，但是自以為是的幽默，往往使自己的說詞變得荒謬。想要展現幽默化解尷尬之前，先想想自己編的理由是不是天方夜譚！

法官非常大聲地質問竊賊：「說！你究竟是怎麼打開那個保險櫃的？」

不知道是被法官嚇著，還是心裡真的這麼想，只見那竊賊忽地放小音量說：「法官先生，這，這不能告訴您啊！」

法官聽了不禁皺眉，才準備開口逼問，竊賊卻補充說：「因為啊，我認為在這屋子裡說不定有人想吃我這行飯哪！」

這位竊賊眞是想太多了。在法院內就算眞有同行，眼看他最終還是被逮捕，應

該不會有人會想學習他的技藝。

即便他的技術再獨到，一般人坐在嚴肅的法庭內，多數應該還是會好好想一想，自己有沒有必要跟他一樣站在那兒「受審」吧！

生活中，總有像這一類自以爲聰明的人，明明犯錯，卻仍然要編一大堆理由遮掩自己的過錯，試圖耍弄小聰明替自己開脫。可是，他們卻不知道，人們總能得見其中破綻，畢竟謊言難以遮蔽，強詞難以奪理，一如下面的另一個你我生活中常見的案例。

有個職員上班遲到了，經理正等在門口，一看見他便怒氣沖沖的質問：「說！你為什麼遲到？」

這員工裝出一副非常無辜又無奈的表情說：「唉，早上我在刷牙的時候，因為太著急了，不小心把牙膏擠出了四十多公分長，我不得不再把它收回管子裡，等我把它全都回收後，這……對不起，我真的沒注意到時間，沒想到這『專注』收回的動作，竟費了我一個多小時！」

爲了把牙膏收回管子內，所以浪費了一個小時也不知道，這種理由你能接受嗎？這樣的原因你能原諒嗎？

做人當然要幽默，但是自以爲是的幽默，往往使自己的說詞變得荒謬。相信多數人都會認定這個理由是假的，即便眞有這等荒誕的事，應該不會有人能接受吧！畢竟生活秩序總有一定的規範，倘若人人都像故事中的員工一樣輕忽怠慢，公司恐怕很難生存下去吧！

再從另一個角度思考，許多自以爲聰明的人確實常把所謂的「規矩約束」視爲對他的「強制設限」。埋怨規定設限了他們的發揮空間，侷限了他們的伸展自由，於是他們拒絕被規定束縛，卻也同時放棄了原本屬於他的機會。

一如我們常聽見的，那些不想受公司限制的人，說要自創事業，說要自己管理自己，可是他們說話的同時，卻也忽略了即使自己開業，同樣會有「時間」的限制，也同樣會有不同程度的「能力考驗」或「才華難展」的時候，其中時間的限制比上下班時更難有彈性。

簡單來說，凡事不能只看表面，生活原本就該有一些規矩，即使是自己開業，即使是看似自由的ＳＯＨＯ族，同樣會有時間上的約束和工作規矩，甚至他們看待時間的嚴謹程度更苛刻於公司安排。

因爲他們很清楚只要稍一鬆懈怠惰，機會便要被別人搶走，生活便得勒緊皮帶，生活壓力可是大於依「公司規矩」生活的人。

從另一個角度看，規律的生活事實上一點也不是束縛，反而更能激發生活的動力。因爲，眞正聰明的人會在時間限制內將工作完成，他們從一天開始的那刻起便積極且全力衝刺到工作結束，然後再聰明地將工作放下，聰明地好好享受工作以外的悠閒時間。

人都有遲到、爽約的時候，想要展現幽默化解尷尬之前，先想想自己編的理由是不是天方夜譚！

只要問心無愧，人言並不足畏

理性地讓對方明白你的感覺，用幽默的口吻坦白誠實地讓對方知道你心中的想法，不只能讓對方更認識你，還能減少彼此的猜測與懷疑。

亨利打了通電話給經理，要向他請假：「經理，我一早起床發現喉嚨發炎，很不舒服，想要向您請假。」

「喉嚨發炎，真的？那為什麼你說話的聲音不輕一點呢？居然還大吼大叫？」經理懷疑的提問。

亨利一聽，頗不以為然地回應：「我說話聲音為什麼要輕一點？我喉嚨發炎又不是什麼大秘密！」

亨利說得很好，不是嗎？

多數人爲了取信他人或得到人們的同情，總會裝模作樣或虛假地僞裝自己，但偏偏在最重要的時候，因爲心虛反而讓人留下了「存心欺騙」的壞印象！

喉嚨疼痛不必非得聲弱游絲，說話大聲若是與生俱來，那就順著自己的聲量表現，病痛雖然易裝，但我們不必非得假裝自己一副病懨懨的模樣。

那些生命垂危的人，仍努力振作精神，努力展現著陽光般的歡顏，面對一天天的病痛折磨，原因無他，因爲他們堅持：「生命精神本該是燦亮的！」

一個懂得尊重自己心意的人，看似直率愚笨，其實面對事情之時反而更懂得怎麼坦然且冷靜地應對，也更能理性地應付。

若還不明白的話，我們再舉一例來討論。

有個新到任的傳道士來到一間修道院後，經常被其他前輩欺侮，他忍了好久，終於受不了去找道院長訴苦。

院長聽完他的傾訴後，卻微笑地說：「孩子，我們的確被要求必須學會忍耐，可是，當你實在無可忍的時候，為什麼還要忍耐呢？」

對話雖然簡單，卻也充分告訴我們「忠於自己」的重要。忍耐是生活中的一門功課，卻不是生活中必須絕對遵行的準則。

與亨利堅持表現自己一樣，只要問心無愧，就沒必要犧牲自己去成全什麼德業，畢竟每個人都是有感覺和情緒的，過分壓抑或違背心中的想法或希望，反而容易讓自己陷入錯誤的心情感受中，甚至錯亂了自己生活的步驟。

順著你的心裡感受把情緒表現出來，理性地讓對方明白你的感覺，用幽默的口吻坦白誠實地讓對方知道你心中的想法，如此一來，不只能讓對方更認識你，還能減少彼此的猜測與懷疑。

再想多一些，既然被人過分地欺負，那麼何妨適度將心中情緒輸出，讓他們知道自己不是一個任人欺壓的爛好人，更要讓對手知道：「別再得寸進尺，不然反擊的力量將讓他一蹶不起！」

心情放輕鬆，就能展開幽默作風

把心情放輕鬆，自然能展現機智幽默的行事作風；自然能在笑聲中，看見冷靜解決問題的智慧。

法官大聲地怒斥：「你膽子真大，竟在一個星期內犯下六件搶案！」

犯人一聽，居然對法官說：「法官大人，說真的，如果所有的工人都像我這麼勤奮，那麼我們的國家發展必定非常興盛繁榮。」

法庭上的精采對話，常讓人啼笑皆非，但也偶有讓人拍案叫絕的時候，就像這個犯人的回答。當然，這傢伙的「勤勞」肯定用錯了地方，但他的邏輯思考卻是發人深省的。

回到現實生活中，有多少人不是正如犯人所說的一樣？我們不難發現，那些埋怨工作難找的人，多半是抱持好逸惡勞的生活態度，即便機會近在眼前，他們也懶得伸手摸一摸！

再反思這個犯人，不也正因爲「好逸惡勞」的價值偏頗，而讓他老想著「投機取巧」，想著「強取豪奪」別人辛苦掙得的財富？

閱讀故事可以有好幾個面向，每一個角度都可以得到啓發，只要我們肯認眞思考，負面例子也可以得出正面省思，正向思考更能糾正負面念頭。

好像下面這個故事，當我們氣憤搶匪犯罪行徑的同時，卻也從行員的有趣反應中，另得一個正面的思考方向。

芝加哥銀行櫃台前交易客戶絡繹不絕，其中有一個人忽然舉起槍對著行員說：「動作快一點，我要提領一筆錢……」

行員點了點頭，問道：「先生，請問您的帳號是……」

那人一聽，皺眉斥喝：「我要是有帳號的話，還拿手槍幹什麼？」

在這裡我們不聊搶匪的問題，因爲讓人最感興趣的是這銀行人員的反應能力，說他不懂察言觀色發現眼前人的意圖，似乎不對，看見他傻呼呼向對方要帳號，冷靜且理性地對付，不也說明了他有意拖延時間的機智？

故事的結局不難想見。一如我們所熟悉的，多數人遇上懂得裝傻的人，通常都不知道要如何應付，故事中的搶匪，和行員牛頭不對馬嘴的互動，不過是被捕之前的簡短過招！

世上聰明人裝笨蛋的情形不難分別，從各種故事例子中，我們總能看見生活中眞正的聰明人處理事情的技巧，也常常能從他們呆呆的傻笑中，看見他們輕鬆將世事鬆綁解套的訣竅。

如果想問他們是怎麼做到的，其實很簡單，把心情放輕鬆，自然能展現機智幽默的行事作風；跟著自己的感覺走，凡事輕鬆看待，也冷靜理性地應對，自然能在笑聲中，看見冷靜解決問題的智慧。

多一點正面思考，便少一分煩惱

無謂的煩惱擔心是沒必要的，把問題越想越複雜，把麻煩越想越大，最終反讓自己生活在苦悶悲慘的氛圍中。

凡事都深思熟慮的羅森克拉茨先生，決定早一點準備好人生後事。

這天，他來到墓地管理局詢問：「您好，我想買一塊家族共用的墓地，不知道目前價格如何？」

「嗯，最便宜的家族墓地大約要一千美元。」管理墓地的人說。

「什麼?這麼一塊小地皮要一千美元？」羅森克拉茨先生大呼太貴了。

管理員微笑著說：「我知道這價錢不低，不過，您不妨好好考慮一下，因為這塊墓地的利用價值很高，它的好處肯定能讓您感到滿意！」

「好處？什麼好處？」羅森克拉茨先生反問。

管理員依然帶著微笑說：「好處很多啊！您想想，當大家來到上帝決定命運的那一天，一有任何事故，這塊地不是正好派上用場？如果您的雙親搭乘飛機出了意外，您不就正巧需要這塊墓地？或者，您的兒子開車外出時發生車禍，這時您該怎麼辦？最後不是也只能來到這裡？又好像您的女兒搭車若是出了事，您不也可以把她埋葬在這兒？再想遠一點，您的孫子或孫女若是不幸死了……」

管理員越說越離譜，羅森克拉茨先生則越聽越悲哀，最後居然還流下眼淚。

「的確，這真是太便宜了！好，我買！」羅森克拉茨先生最後決定買下那塊讓他家人深陷「可能意外」的墓地。

看著羅森克拉茨先生低落的情緒，想必有不少人開始讚嘆管理員的三寸不爛之舌。這當然是商人厲害的地方，他們說得口沫橫飛，甚至口水噴了人滿臉，還能引人舔一口說：「很甜！」

可是就羅森克拉茨來說，這卻是很不聰明的表現，與其相信行銷人員的「誇張預言」，不如正向思考「未來」是否眞的需要，那才具有實質意義，畢竟墓地是需要的，但無謂的煩惱擔心卻是沒必要的，不是嗎？

然而，生活之中總有些像這樣的人，習慣把問題越想越複雜，把麻煩越想越大，最終反讓自己生活在苦悶悲慘的氛圍中，一如羅森克拉茨。

不知道的事不必多慮，沒必要知道的事也不必探詢，好像下面這個小男孩天眞提出的反思。

牧師哄著小男孩：「孩子，你能告訴我上帝在哪裡嗎？只要你能說出來，我就給你兩塊錢作為獎勵。」

沒想到，小男孩卻說：「牧師，如果你能告訴我上帝絕對不會在什麼地方出現，那我給你四塊錢，怎麼樣？」

知道上帝在哪裡有何用？與其知道上帝會在何方，不如不知道祂會在哪裡出現，如此一來，我們才不會一味祈求上帝伸出援手，也才知道生命本身的價値和應走的方向。

小男孩寧願選擇「上帝不會出現」的資訊，也不要知道上帝在何方，正也表現了孩子世界的簡單需要，能有一個自由自在的生活，能得一個無拘無束的心靈，才是生命的意義。

那你呢？是寧願苦思煩惱「死後」之事，還是樂於放開一切，樂天知命，學會好好享受「生」的時刻？

輯9.

用幽默的態度看待惱人的小事

恩怨情仇皆是生活中的小事，
想擁有一段幸福圓滿的人生，
就該幽默以對，
別再讓生活中的小事困住自己。

別把藝術看得太嚴肅

我們只要須忠於自己內心對作品的觀感，並且保持一顆開放的心，那就夠了。說穿了，藝術不就是見仁見智的嗎？

不論我們是什麼職業、什麼階層、什麼地位，都不妨礙我們欣賞藝術之眞、藝術之美。

年收入數百萬的醫生不一定能比我們更能接近藝術的感動，路邊賣水果的小販也未必比離「藝術」比較遙遠。

這天，眼科醫生成功地治好了一名頗負盛名的超現實畫家的眼疾。

收費的時候，醫生告訴他自己可以不收錢，但希望畫家為他畫一幅畫，內容由畫家自己決定。

由於畫家很感激醫生為他治好眼睛，於是他畫了一顆碩大無比的眼睛，每個細節都精細入微，並且在瞳孔的正中央畫上一幅完美的醫生肖像。

畫家得意洋洋地將自己的最新傑作拿給醫生看。眼科醫生一見到這幅畫，似乎一下子被畫裡的藝術張力震攝住了。只見他驚訝地張大嘴，好半晌才開口說道：「謝天謝地，幸虧我不是肛門科醫生。」

說實在的，眼科醫生對這幅超現實「力作」的評語還頗爲老實。確實，萬一他是個肛門科醫生，那畫家豈不是要把他的肖像畫在肛門中間嗎？

許多人對於所謂「前衛」或「當代」藝術的觀念其實就是如此。總覺得這些「藝術」難以接近，不知道自己應該用什麼樣的眼光來看它才對；要不然，就是乾脆老實承認自己不懂得欣賞，從此對它退避三舍或嗤之以鼻，認爲那根本不是什麼藝術。

事實上，藝術不是用來標榜自己的工具，如果你明明從中得不到感動與啓發，卻偏要故作「有水準」，那是很虛假的。

但是，對於新的、不熟悉或不了解的事物存著排拒心理，認為欣賞它的人都是惺惺作態的傢伙，也不是一個健康的態度。

我們只要須忠於自己內心對作品的觀感，並且保持一顆開放的心，那就夠了。說穿了，藝術不就是見仁見智的嗎？如果創作可以有欣賞的標準或常規，那藝術又怎麼叫做藝術呢？

搞不清楚狀況，最好少講話

想一想：你對這件事、這個人夠了解嗎？如果答案並不肯定，那麼建議你還是先閉上嘴，留一點思考的空間給自己吧！

《戰國策》裡有句話說：「弗知而言為不智，知而不言為不忠。」

的確，什麼也不知道就亂發言，或是只知道一半就亂說話，普天之下的不智者，大都會犯這樣的錯誤。

在搞清楚狀況之前，最好還是不要亂說話，因爲在這種情況下所說的話，絕大部分只會顯露出自己的無知而已。

老王有天在街上閒逛，看到前方不遠處似乎有車禍發生，一群人正擠在一旁圍觀。他生性愛看熱鬧，連忙湊過去想看個究竟，可是人太多了，怎麼擠也擠不進去。

此時，老王忽然心生一計，站在人群後大喊：「讓開！我是死者的父親！讓我過去！讓我過去！」

只見大夥兒都一臉驚訝望著他，並很快讓了一條路讓他過去。老王往前走了好幾步，但是眼前的景象卻讓他頓時有點說不出話來。

原來，奄奄一息躺在地上的是一條狗。

老王或許覺得自己很聰明，想得出這麼一招，可以輕輕鬆鬆地就擠到人群的最前面一探究竟，卻沒想到因為他的自作聰明，弄得自己在眾人面前出了個天大的糗！

文學家老舍曾經這麼評論：「憑著一點浮淺的所知而大發議論，和醉鬼藉著點酒力瞎嘮叨大概差不了多少。」

說出去的話就如同潑出去的水，沒有辦法再吞回肚子裡，就算我們後悔了、改變心意了，先前的失言還是會像火燒野草一樣在別人眼裡形成效應，再也無法挽回。

有些人天生就是喜歡大發議論，也不管自己到底對這件事、這個人懂多少，嘴巴上卻說得自己好像是個專家似的。

對於這種人，法國哲學家孟德斯鳩曾經做了如下的評論：「思考得越少，話就越多。」

這麼直接的形容，真可說是一針見血！因此，下次在開口說話之前，別忘記先在心裡想一想：自己真的對這件事、這個人夠了解嗎？如果你的答案並不肯定，那麼建議你還是先閉上嘴，留一點思考的空間給自己吧！

用幽默的態度看待惱人的小事

恩怨情仇皆是生活中的小事，想擁有一段幸福圓滿的人生，就該幽默以對，別再讓生活中的小事困住自己。

沒有人不希望生活時時充滿歡樂，日日爲陽光普照。

如果你想擁有這一切，請記得，一切從放下仇恨、擁抱幽默、學會寬心待人開始。慢慢地，我們終將感受到心情的歡喜幸福。

有個人被狗咬了一口，卻一直沒有好好治療傷口，只見傷勢越來越嚴重，好一段時日都無法痊癒。他終於感覺事態嚴重，這才去看醫生。

醫生看了一眼，便叫人牽來一條狗確認一件事——這個人是否正是被這隻患有

「狂犬病」的狗所咬。

確認後，醫生立即幫他注射血清，但似乎拖得太久了，為時已晚。無可奈何下，醫生只好安慰他看開一些。

這個人聽完，呆了很久，跟著卻坐在看診室的桌旁，振筆疾書起來，醫生忍不住安慰他：「其實，我只是說可能不會好，情況也沒有非常惡劣，你還不必現在就立遺囑。」

「我不是在寫遺囑，我只是想列出那些該讓這隻狗也咬上一口的人的名單。」男子回答。

知道惡犬有病，男子掛念的卻不是自身安危，反而期望著仇人、敵人也能有相同的遭遇，如此心態，眞不知道該說他可悲，還是他的敵人可憐。

一個惡棍死了，死者為大，大家即便不喜歡他，還是來參加他的葬禮。

然而，葬禮上所有人全都靜默不語，神父忍不住問道：「對於死者生前的一切，在你們心中，難道真的沒有留下丁點美好記憶？」

大家聽了，你看看我、我看看你，片刻之後，一個理髮師說了：「有，由於他的毛髮稀疏，每次刮他的臉總覺特別容易。」

每個人來到生命盡頭，總少不了一絲善念興起。所以，面臨生命危機，面對仇恨的人死去，何不學會寬容？

走到最終的時候，心中如果依然想著恨與怨，只是徒增不必要壓力，讓人生更顯悲情。

人生應該往前看，我們心中該存有的，不是爲何仇恨的人不死、不病，而要感謝他們讓我們明白必須更疼惜自己。面對已逝的仇恨，我們該做的不是開心歡喜，而是要感慨生命的短暫，然後更努力把握現在。

恩怨情仇皆是生活中的小事，想擁有一段幸福圓滿的人生，就該幽默以對，別再讓生活中的小事困住自己。

幽默，讓學習積極活潑

肯定鼓勵的方法才能挑起學習熱情，想帶動別人的學習興趣，更要以積極幽默的方式引導。

學習是互動的，多了主觀的認知與態度阻礙，便很難有充分的溝通與交流。所以，身爲教育工作者，不只要懂得如何教學，更重要的，要知道以客觀態度引導學生積極學習。

好的老師懂得關心學生，更懂得幽默教學，因爲他們知道，風趣幽默的方式最能吸引人，挑起積極學習的意願。

學生們最害怕英國文學課的老師，因為他對成績的要求極為嚴格，除此之外，大家更害怕分發考卷的時候。

因為他是以分數高低來區分，分送考最高分的試卷時，他會舉在頭頂上交給學生，次之的，就放在桌子上讓學生自己來拿取，再次之的，就放在膝蓋上讓學生來拿，再次之的，就放在地板上讓學生自己取回。

這次期末考卷照往常分發後，卻還有三名學生沒有拿到考卷，他們只好上前請問老師，自己的考卷到哪裡去了？

只見老師冷冷回答：「要考卷嗎？麻煩你們半夜時分再回到這間教室來，因為我把剩下的考卷埋在講台下。」

這確實是十分可怕的方式，看似公平，實則一點也不顧及學生的顏面。若說嚴格是好事，但從人性的角度思考，如此態度與方法只會造成學生的反感、反彈，更無法愉快地學習英國文學。

畢竟，老師挑起的不是學生們的省思，而是恐懼和反感，當然難以得到好的學習結果。如果這位老師能學學下面這位化學老師的教學方式，或可讓學生更樂於積極學習。

化學老師在黑板上寫了一個化學分子的程式，然後叫了一位學生的名字：「約翰，你來說說看，這是什麼分子的程式？」

「是……那個……是……」約翰似乎想不起答案。

「答案是什麼？」老師又問了一次。

「它……其實就在我嘴邊，我……」約翰心虛地說。

老師聽了，忍不住笑出聲道：「那你還不快點把它吐出來？要知道，那可是鹽酸哪！」

多妙的「吐」字，老師沒有直言指正學生的問題，而是幽默地提點學生所學不足，讓人更覺學習富趣味。

以第一則故事爲例，當老師只以分數成績作爲品評學生的標準，或是以此來揚好貶壞，學生之間的落差將變得越來越大，特別是那些對這個科目已經感到興趣缺缺的學生。

第二則故事中，「吐出鹽酸」的幽默隱喻，才能眞正加深學生的記憶。

從中反思，聰明的人都知道，肯定鼓勵的方法才能挑起人們的學習熱情，想帶動別人的學習興趣，更要以積極幽默的方式引導，如此，更能點燃學習的意願與自信。

多引導，才能使孩子多思考

孩子提出問題時，與其直接給答案，不如引導他們思考，鼓勵他們勇敢地說出心中想法，即使答案不對也無妨。

小明很想要一部全新的電腦，父親帶著他到電腦商場逛逛，忽然小明指著櫥窗上最貴的一部說：「我要這一台。」

小明的爸爸看了，很為難地對他說：「孩子，這一部電腦可要花你老爸一整個月的薪水啊！」

小明點了點頭，然後乖巧地說：「沒關係，我可以再等一個月。」

每個孩子的心中一定會有數個希望、想望，然而面對現實情況，要如何不讓孩子希望落空，讓他們對夢想熱情不減，便考驗大人的智慧了。

一如小明的情況，經濟困難有經濟困難的解決辦法，不該一味地苦撐或硬擋，因爲那並不能眞正把問題解決，只是讓孩子多添錯誤的期待。

我們都知道，「結果論」的教育方式容易出現偏差，那不只無法培養孩子獨立思考的能力，還會讓孩子產生錯誤的價値觀。

教育孩子的話題總是說不完的，我們再看看下列故事中安娜的情況，也許能激發不同的思考。

安娜的兒子準備參加長達一個月的夏令營，臨行之前她一再叮嚀兒子：「記得寫信回家啊！」

孩子點了點頭，臉上卻是一副心不在焉的樣子。

鄰居太太看了，便對安娜說：「讓我教教妳吧！妳可以先寫信給孩子，記得上面要這麼寫：『我寄了一些錢給你，希望你能玩得痛快，也吃得暢快！』」

安娜聽了這話，有些懷疑地問道：「這樣，他就會寫信回家了嗎？」

「當然！不過，妳要記住一點，千萬別真的寄錢給他。」鄰居補充道。

從安娜鄰居的處理方法中，我們學習到了引導教育的方法，想讓孩子寫信，就應著孩子的需要，技巧地以「漏了零用錢」引導孩子寄回家書。

不管這個方法好不好，當效果達成之時，我們會看見孩子們的改變，或許是培養了寫家書的趣味，或許是懂得思考「父母」的重要性！

給孩子正確的價值觀和正確的生活態度，絕對比提供他們富足充裕的物質享受更爲重要，這才是他們一生受用不盡的。

當現代父母親習慣了直接給予，極少參與孩子活動，我們不只發現親子關係越來越疏離，還發現大人們經常不經意地給了孩子錯誤的價值觀。

以小明的例子來解析，最常見的情況是，孩子的父親沒有第一時間進行溝通，只給「好」或「不好」的答案，不能藉機教育孩子「量力而爲」的重要，也未能及時引導他們省思生活的價值。如此，只會讓孩子在未來要花加倍的功夫重建生活的態度。

在孩子成長階段中，教育自然要多費心，若孩子提出問題時，與其直接給答案，不如引導他們思考，多要求他們從各種角度思考想像，鼓勵他們勇敢地說出心中想法，即使答案不對也無妨。

如此一來，我們才能眞正地看見孩子們的成長，也才能放心地期待他們爲自己闖出一片天地。

知道錯誤，更要知道錯在何處

最理想的家教是幽默地讓孩子學會自我省思，不必責罰，便懂得面對己過，學習改進。

希望孩子能不再犯錯，期望孩子能走在正確的道路上，我們該做的不是嚴厲地告訴孩子「什麼可以，什麼不可以」。

最好的方法，是引導他們思考爲什麼要這樣做才好，又爲什麼這樣做是不好的。當他們犯錯，我們不必急著責罰，而是要讓他們知道自己錯在哪裡，又要如何才能不再犯錯。

歐達在踢足球的時候把窗戶打破了，父親氣得不得了。

最後，他決定：「我要把你關到雞棚去！」

歐達連忙抗議：「不行，我不會下蛋啊！」

爲了免除責罰，孩子總會想出千百怪的理由藉由來應付，然而在他們天眞的話語裡，我們除了聽見天馬行空的想像，更會聽見孩子們心智成長的缺失，並思考應當如何正確地引導。

馬克很調皮，父親經常揍他，但今天的馬克卻顯得有些異常，只見他咬緊了牙根，忍著痛，不再像從前那樣向父親求饒。

直到被教訓完畢，馬克才惡狠狠地說：「你打啊！再打啊！你愛怎麼打就怎麼打，我發誓，將來一定會向你的子孫報仇！」

如此沉重且充滿仇恨的話，不知道給了你什麼樣的啓發？

孩子的世界單純也直接，然而正因爲過於單純直接，他們不懂檢討省思自己的過錯，就像馬克的回應一樣。被責罰的時候，沒有思考自己的問題，而是惱怒地想著挨打的疼痛，進而心生怨恨。如此心思，若不能及時導正，未來恐怕會導致危機。

教育孩子，可以時而正面，時而反面，重要的不是我們用哪一個面向去教育他們，至關重要的是，能不能教導他們以正面的思考邏輯去面對過錯，並懂得時時反省，自我糾正。

其實，責罰只是一個方法，也不是絕對或最好的方法，因爲最理想的家教是幽默地讓孩子學會自我省思，不必責罰，便懂得面對己過，學習改進。

不要急著把怪責孩子的過錯，而是要讓他們知道自己錯在哪裡，並且明白怎樣的作爲與態度才正確。

幽默引導的成效，會較一味責罰更高。

話說得巧，效果會更好

一百分還是零分，極可能導因於學習態度的差異，把話說得更巧，多以正面鼓勵的方式展開教育，孩子自然會表現得更好。

生長在經常傳遞悲觀念頭家庭裡的孩子，態度自然悲觀，反之，生活在陽光積極家庭的孩子，時刻都懂得展現陽光活力，當然較具幽默感。

爲人父母，要小心謹愼自己的一舉一動，常用巧妙的話語和孩子溝通，因爲孩子的未來與學習態度好壞，取決於家庭教育的成敗。

湯姆手裡拿著試卷，怎麼也答不上來，便在試卷上寫道：「上帝曉得，我不知道。祝老師耶誕快樂！」

過了幾天，老師把考卷交給湯姆，上面的批語是：「上帝一百分，你零分。祝你新年快樂！」

老師的幽默批語，想必逗得不少人發笑，仔細想想，這位老師不也挺棒的嗎？他沒有以斥責聲來糾正學生的過錯，反而以幽默回應提醒學生，間接達到正面的教育目的。

教育事業原本就不是容易的工作，但若能幫助孩子走向正確的道路，便是極快樂的事。不過，也不能一味地只想靠學校老師的幫助，別忘了，家庭才是孩子最重要的學習根源。

一位父親正在和老師談論兒子的學習情況，說道：「老師，請您告訴我，我兒子的歷史學得怎樣？唉，回想我當初唸書的時候，其實很不喜歡這門課，考試總是不及格啊！」

歷史老師說：「原來如此，那歷史恐怕正在重演。」

我們可猜得，這位父親必定經常給孩子相似的訊息，讓孩子知道他的歷史總是最差的。在潛移默化下，孩子自然而然地會以父親爲準則，允許自己歷史成績上的不足。

別以爲不可能，回想我們過往的經驗，家人若在某一方面表現突出，自己不也會跟著模仿學習，並積極地以此作爲換得鼓勵掌聲的途徑？

所以，常給自己肯定，也常給孩子肯定，這才是應當建立的教育態度。好像前述故事中的父親，若能傳遞正面訊息，讓孩子明白歷史的趣味，甚至是幽默的自我解嘲，相信孩子會以更積極正面的態度進行學習。

一百分還是零分，極可能導因於學習態度的差異，把話說得更巧，多以正面鼓勵的方式展開教育，孩子自然會表現得更好。

輯10.

別用情緒處理事情

幽默一點，別再用情緒解題，
也別輕忽了態度的重要，
因為這些都是人們評斷的重要依據，
稍有偏差，便難得敬重與肯定。

面對八卦，聰明人不多話

道聽塗說，最終傷害的不會只有傳說的受害者，還包括我們自己！不是親耳聽聞，不是親眼目睹，就不能張口四處傳說。

人生究竟是快樂的或是痛苦的，關鍵就在於看待生活的態度，不管遭遇什麼事情，只要理性思考，輕鬆、正面地對待，就可以讓自己的人生更加精采。

信仰虔誠的猶太人對著朋友說：「現在，我說一個拉比的奇蹟！」

「那天，我們坐在一輛沒有遮篷的馬車上趕路，沒想到，忽然下起了傾盆大雨，一群人叫苦連天。就在這個時候，只見拉比伸出了手臂……」這教徒講到這兒時，停頓了一下，然後又問：「你猜，我看見了什麼情況？」

現場一片安靜，不少人跟著問號搖頭表示不知道，安靜了幾秒後，他才說：「就在那個時候奇蹟發生了，我看見馬車的左邊和右邊都在下雨，唯獨馬車的中間，也就馬車前進的道路上竟是一滴雨也沒有！」

這時，另一個反拉比的人卻說：「這也叫奇蹟？如果和我親身經歷的奇蹟相比，這還真是小巫見大巫了。」

「是嗎？」猶太人不滿地看著他。

「當然啦。想起那個時候，我和朋友們一起坐在火車上，很不幸的遇上了大風雪，當時鐵道被風雪所阻，我們等了好幾天，直到星期五那天，列車終於可以啟程了。」他說。

「那天怎麼樣？」猶太人聽了不大明白。

「你不知道嗎？那天剛好是安息日啊！當時，車廂中有不少猶太人哀號著，因為依照規定，這天是不能搭車的，但是，就在這個時候，有位拉比伸出了手臂，喃喃祈禱：『左邊是安息日，右邊是安息日，火車在中間行駛！』」這個反信仰的人嘲諷地說。

爲了讓人們信仰更虔誠，民間總有許多神蹟傳說，只是一口傳一口，想要找出眞正親眼看見的人，可也是個「奇蹟」之事。

所幸不同的人有著不同的思考模式，總會有一些思考較周密人會帶動理性的反思，一如下面的例子。

一位著名的牧師做完彌撒後，對信眾說：「我的兄弟姐妹們，你們對於『信心』這兩個字還有不解的地方嗎？」

一名學生舉手大聲問道：「請問，為什麼這教堂的頂端要裝避雷針？」

或許神佛的傳說強調信仰的力量，但過度的神蹟傳言卻是無益甚至有害的，一如惡意中傷他人的流言蜚語。

在此，我們不多說神佛之事，而是從這類「傳說」中深思，人群之間的互動不也常見類似的情況？傳說他人的是非八卦，傳說人們的緋聞壞話，終成一個眞實的錯誤訊息，好人成了大壞蛋，惡人竟能成爲英雄！

所謂「三人成虎」便是說這一類現象。

當人們不能理性思考，不能冷靜探究，只知道聽塗說，相信路邊消息，甚至還好事地跟著誇張流傳，或不負責任地加油添醋，最終傷害的不會只有傳說的受害者，還包括我們自己！因爲當事實揭開之後，假如眞相完全不似你我所說，試想，人們往後又怎麼會再相信我們？

我們都知道，散播別人的是非容易，蓄意中傷他人也很簡單，但要維護人跟人之間的信任與情誼卻很困難，老一輩常說「飯可以多吃，但話不可亂說」，便是要提醒我們，不是親耳聽聞，不是親眼目睹，就不能張口四處傳說。

我們也知道，傳說閒話，最終常常偏離了眞實的情況，徒添當事人不必要的傷害。想拉近人與人之間距離，希望少一點人際上的衝突與是非，我們是否更應該要明白謹愼言語的重要？

再多掩飾也無法取代真實

面對生活、工作，不論有再多的包裝遮掩或偽裝修飾，我們最後還是要面對真實的自己。

「在正式上台表演時，請您一定要準備真的珍珠項鍊讓我配戴。」女演員非常堅持地說。

導演聽後，聳了聳肩膀道：「那好吧！今天這場戲中所有的道具我們全換成真的好了，第一幕的珍珠項鍊是真的，街道上的樹也用真的，椅子當然也會是真的……哦！當然最後一幕，你們要吞服的毒藥也會換真的！」

表演者為了能更貼近觀眾、說服觀眾，總是力求逼眞，無論是服裝、背景或是劇情設計，無不竭盡所能地將之眞實呈現。

一般來說，演員們要求的「眞」，是像下一面這個例子。

有一天，導演相當興奮地對德隆先生說：「德隆先生，你扮演的傷兵角色真是維妙維肖啊！特別是臉上流露出的痛苦表情，實在太逼真了，你的確是個非常專業的表演者。」

沒想到德隆先生竟說：「當然逼真了，因為在演出前，我預先在鞋底放了一枚圖釘啊！」

導演一聽張大了雙眼，臉上滿是佩服的神情，接著不忘提醒他：「原來如此！你真不愧是位專業的演員，不過再來要拍攝奔逃的那一幕戲，你可千萬要記得把那玩意兒丟掉。」

一個是要求「眞實的治裝」，另一個是要求「逼眞的演技」，兩名演員的目的都一樣，同時對於「專業」的認知也一樣有所不足。

這就像報上曾經報導的，一位女作家爲了能將援交女孩們的感受和生活情況眞實呈現，竟親自披掛上陣，親身體驗援交的生活。這理由看似合理，可是眞有必要如此嗎？

正如第一則故事中女演員提出的要求，許多人總是想盡辦法給自己一個理由，用來強化「犯錯」的藉口，然而再好的藉口也會出現破綻，畢竟「錯」並不會因爲包裝精緻而變成「對」。

換個角度想，當女演員脫下「珍珠」，當德隆丟掉「圖釘」，當女作家回歸正常生活後，眼前的眞眞假假，對他們來說，不也成了「遺憾」和「空虛」的同義詞嗎？

無論是想借題發揮，還是藉物寄託，我們最終還是要誠誠實實地面對自己，所以在導演幽默地提醒德隆要拿出圖釘時，我們也讀到了其中的告誡：「戲劇只是一種生活或生命的仿製，並不可能完全取代真實的人生，面對生活、工作，不論有再多的包裝遮掩或偽裝修飾，最後還是要面對真實的自己。」

別用情緒處理事情

幽默一點，別再用情緒解題，也別輕忽了態度的重要，因為這些都是人們評斷的重要依據，稍有偏差，便難得敬重與肯定。

凡事不要有兩套標準，更不要用情緒去處理事情，因爲聰明人會看見當中的盲點，從中發現你我的不足。一旦被看穿，我們想再得到人們的信服，恐怕又將多費一番功夫。

收斂自己的情緒，遵守遊戲規則，幽默的方式往往是爲人處世的最好方式。

地理老師提了一個問題：「哪位同學知道，在什麼地方常見煙霧繚繞？」

只見小吉米立即舉手，說：「離我爸爸嘴邊不遠的地方。」

小吉米的誠實答案，想必逗得許多人會心一笑吧！離爸爸嘴邊不遠的地方，正是世上最常煙霧繚繞的地方，一點也沒有錯，不是嗎？

在討論了解當中的思維寓意之前，我們再看看下面這一例。

有個足球迷因沒買到票，只好爬球場外的電線桿上，觀看場內的足球賽。

然而，才剛爬上去看了一會兒，便見一位警察朝自己的方向走來，那球迷一看，連忙從電線桿上爬下來，不過警察卻示意他不用擔心，還擺擺手問道：「比數多少？」

「一比零，我們領先。」球迷回答。

只見警察微笑地說道：「好！你就在那兒看吧！小心別摔下來啦！」

說完，警察便轉身離開了，直到球賽即將結束前，才又走過來問：「現在幾比幾了？」

「一比二，客隊領先。」球迷在高處說。

想不到警察卻突然瞪大了眼睛，怒吼道：「什麼？那你還有心思在那裡看球賽？還不趕快給我下來！」

球迷聽了，急急忙忙爬下來。然而，就在他爬到一半的時候，球場內忽然響起如雷的鑼鼓與歡呼聲，警察一聽連忙又說：「快快快！你快點上去，去看看是誰進球了！」

警察的作爲，相信讓不少人在苦笑之餘搖頭嘆息。事實上，以自己的心情處理事情的人，經常在你我身邊出現。

生活中，常常是越小的事情，越引人深思。

好像第一則事例，我們總是就近以最熟悉的生活爲依歸，累積自己的生活經驗。再看第二則故事，我們大都習慣了以當下的情緒作爲處世的標準，然而正因爲太過自我直接，往往失了處世應有的智慧。

身教重於言教，許多道理就在日常生活之中，但我們常因爲一時的慾念與執念而忘記遊戲規則的重要，一如第二則故事中的警察，爲了滿足自己的慾望而不執行職責，失望時又以情緒來解決，如何能得到人們的信服？

又如第一則故事，若是將來有一天小吉米也學起父親抽煙，身邊其他人想制止，恐怕也難以規勸。

作家雷普利爾曾經這麼說過：「幽默會帶來悟力和寬容，冷嘲熱諷則帶來深刻而不友善的理解。」

當現實環境不如預期的時候，何妨試著用幽默取代心中的怨懟？爲人處世應該幽默一點，別再用情緒解題，也別輕忽了態度的重要，因爲這些都是人們評斷的重要依據，稍有偏差，便難得敬重與肯定。

主動出擊，機會才會屬於你

機會已在眼前，與其退縮等待，不如上前把握、確認，聰明的人總能在對的時間找到對的人，給自己一個幸福的愛。

這天，長相英俊的總經理問小慧晚上有沒有空，小慧心裡小鹿亂撞：「他該不會是對我有意思吧？」

小慧欣喜地想著，跟著連忙回答說：「我有……有……有空，有空！」

總經理聽了點點頭，隨即又說：「有空的話，晚上早點睡覺吧！免得每天上班時間打瞌睡。」

會錯意當然讓人尷尬，但至少一切猜想還隱藏心中沒有說出來，不至於表錯情。只是，像這樣的白日夢還是少做一點，畢竟連續劇裡那種誇張、戲劇性的機會在現實生活中很少見，即便眞的發生了，也是千萬分之一的機會。生活要踏實，追求愛情更要平實，如此，才能找到眞正的幸福。

面對愛情，除了不要有不切實際的幻想之外，不讓錯誤的想像耽誤自己，最好的方式便是主動出擊，主動證實那份「情緣」到底是否屬於自己！

麗莎愉快地來參加朋友的舞會，唯一美中不足的是，她沒有舞伴相陪，所以一整個晚上只能乾坐在角落，讓她感到無趣且無聊極了。

這時，前方有位瀟灑的男士朝她走來，麗莎看見了，心跳開始加速，心裡躍地想：「太好了，有人來邀舞了，我該怎麼表現才好呢？」

只見男子靠近後便問她：「小姐，請問妳要跳舞嗎？」

麗莎一聽，連忙站了起來，然後禮貌地說：「好，謝謝！」

當麗莎準備伸手之時，沒想到男士卻接口說：「好極了，那我就可以坐妳的位子了，妳知道嗎？我站在那兒很久了，腳實在很痠啊！」

在這樣的場合，不管男人女人，無不希望自己能成爲衆人矚目的焦點，也無不希望能被人欣賞、邀舞，若是希望無法達成，就只能躲在角落自艾自憐。

其實，故事中麗莎雖然表錯情意，尷尬不已，但換個角度看，故事中的男人不也同樣是朵「壁花」？男子坦白「站立許久」的話，以及玩笑式地坦誠腳瘦，不正說明了他正在尋找目標？

這時，聰明的麗莎該做的，不該是氣惱男子不解女人的心，應該試著主動出擊，主動地捉住機會才是。

畢竟機會已在眼前，與其退縮等待，不如上前把握、確認，譬如找出男子腳瘦的原因，或許他是因爲不知道該如何邀請女生，才想出了這麼一個藉口搭訕啊！

愛情沒有什麼遊戲規則，想愛就愛，愛得太辛苦太累了，就學會放下，不想愛就學會放手。只要兩個人好好溝通，不相互爲難，聰明的人總能在對的時間找到對的人，給自己一個幸福的愛。

看見藏在腦海裡的卓越創意

規規矩矩地附和配合，乖乖地聽命遵從，對任何人都不會件好事，只會讓生活失去精采。

我們知道，老天爺賜與每個人的，都是一顆蘊含無限創意的腦袋，但會因爲使用者的不同而有著不同的功效成果。

不能好好開啓運用的人，當然得不出聰明智慧，反之，懂得充分利用開啓的人，時時刻刻都能放出驚人的創意光芒。

老師正在發作業，當發到貝利時，忍不住質問他：「我要你們寫一篇關於牛奶的作文，我記得曾要求你們一定要寫滿兩張紙，但是，貝利，你的作文為什麼才寫這麼幾行字呢？」

貝利大聲地回答說：「老師，因為這是一篇關於『濃縮牛奶』的文章啊！當然要簡短囉！」

因爲「濃縮」所以「文短」，說得還算有道理，但絕不可能被老師接受，畢竟在這個創意思考裡存在著一點偏差，若給予肯定，就怕心智尚未成熟的孩子會自此走錯路。

但與其擔心，不如用較正面的態度和孩子共思創意，好比下面這個例子，雖然仍有些偏差，卻是極富機智的創意發想。

上地理課時，老師要求學生們必須將地球儀帶來。

但有個名叫湯瑪士的學生沒有帶來，因此當其他同學認真地轉動著地球儀，尋找老師提問的地理位置時，他只能呆坐在自己的位子上。

老師看見他這個模樣，有些生氣，忍不住要考一考他，讓他出糗，於是喊道：

「湯瑪士，亞馬遜河在哪兒？」

湯瑪士低著頭，什麼話也沒說。

老師更加生氣地問他：「你為什麼沒帶地球儀來，又為什麼老是低著頭？你到底在看什麼？」

只見湯瑪士抬起頭說：「老師，其實我有帶地球儀來，它就在我的腳下，而我低頭是為了找出亞馬遜河的位子，問題是這個地球儀實在太大了，害我看不見亞馬遜河到底在哪兒。」

跟著湯瑪士一同想像正被你我踩在腳下的「大地球」，是不是也激起你的童心趣味呢？這個創意回答十分讓人激賞，有多少人曾想像到自己腳下的大地球儀呢？恐怕很少吧！

每個人都擁有一顆聰明的腦袋瓜，只是有些人懶得去動，有些人則正好相反，極活潑好動地運用，因而寫下一則則創意非凡的傳奇。

其實，不管是濃縮牛奶還是大地球儀，兩則幽默故事在在說明了你我的腦袋的潛力無窮。規規矩矩地附和配合，乖乖地聽命遵從，對任何人都不會件好事，只會讓生活失去精采。

多動動你的腦吧！別害怕說出來的創意讓人鄙夷，更別擔心內心浮現的想法讓人不屑一顧，對自己要有信心，相信世界一切都在我們的腳下手中，任誰也否定不了我們。

享受付出，請先懂得給予

體貼地為對方多想一想，愛是互動的，單靠一方支持將是件極辛苦的事，道理和簡單的人際相處相同。

我們都習慣了等待別人的付出，特別是在情人的認知裡，總習慣把對方的付出視爲最佳的愛意表示。但，你眞覺得一味的付出是合理的嗎？

兩性相處處虛虛實實，與其期待情人付出，不如率先眞心給予，聰明且積極地把握正捧在手心的愛。

年輕的妻子換了一套新衣服，然後轉身問丈夫：「你喜歡這件衣服嗎？」

「真難看！妳快去把它退掉吧！」丈夫說。

「是嗎？嗯，可是這已經不能退了耶！」妻子失望地說。

不過，轉眼卻見她眉開眼笑道：「這是我三年前買的衣服，不過，既然你不喜歡它，那你就快點陪我去挑件好看的吧！」

很寫實的畫面，女人和男人常因爲價値觀不同而起衝突，但是疼惜女人的男人大都選擇忍耐，或者以幽默態度應對，因爲知道再多計較一些些，兩個人恐怕要開始冷戰了。

反思另一方，雖說女爲悅己者容，女人們本就可以爲這個理由而用心打扮自己，但凡事也要量力而爲，多爲心愛的他著想。

再舉一個例子，看看有耐心的悲情好男人如何面對老婆大人的驚人消費力。

男人正在教他的好朋友馭妻術，說：「昨天，老婆說要買件皮大衣，一直跟我鬧個不停，最後我只說了一句話，她就不再囉嗦了。」

「哇！真厲害，你說了什麼啊？」好友問道。

「我說，妳買吧！」男人哀怨地回答。

很妙的一句「妳買吧」，智慧化解夫妻相處僵局，當中充滿了無奈也幽默的包容心境。

當然我們依然可以相信，男人始終是愛著另一半的，若非如此，允諾的答案不可能說出口。

聽見這般體貼的應允，親愛的女人們，在渴望男人掏錢爲自己購買奢侈品同時，是否願意體貼地替他們多想一想呢？

愛是互動的，單靠一方支持將是件極辛苦的事，道理和簡單的人際相處相同。想被擁抱，只有一個人願意張手是不行的，必須另一個人也願意張開雙臂，才能完成整個動作。

別再一味地要求對方付出，因爲要多了總會要盡，等到那一天，才發現自己空有物質滿足，卻失去了愛的支柱，該有多令人遺憾啊！

冷靜，才能走出困境

無論環境如何，人生路是由自己的雙腳走出來，到底是走向陽光還是灰暗，全看你我怎麼選擇。

邁克一家人今晚到戲院看電影，一進入戲院，便直接往樓上走去，因為樓上的票價比較便宜。

找好了位子坐定之後，他們便等著電影播放，但是，一直到節目開始，小邁克始終不肯乖乖地坐在位子上，而且喜歡趴在欄杆上看。

這時，邁克的父親對妻子說：「瑪格麗特，好好看著孩子啊！別讓他掉下去了，樓下的票可貴了，萬一不小心掉下去，那我還得補票耶。」

爲了省錢，所以才防止孩子趴在欄杆上，因爲害怕補票，所以才小心避免孩子跌入樓下，這樣的邏輯思考還眞不是普通人想得到的！

其實，這正是人們常犯的「價值偏差」。

在探討「價值偏差」之前，我們不妨再看看下面這個例子，或許從中能得更多的思考啓發。

約翰到昆蟲商店裡買東西，對著店員說：「先生，我要買二百五十隻臭蟲，二百三十隻蟑螂，還要十五隻老鼠……」

店員一聽，吃驚地問：「你要這麼多東西做什麼？」

約翰冷靜地回答：「喔，沒什麼，房東要我搬家時，再三命令我一定要把那房內的情況恢復到『原來的模樣』，我可沒有忘記，剛搬進那兒的時候，到處都是這些小傢伙呀！」

因爲每個人對事情切入的角度不同，所以不同的事情由不同的人處理，便會得出不同的結果。

故事中約翰的情況，很多人都會碰上，但在這個帶點怨懟的情緒中，我們不難嗅出他對房東的不滿，因爲不滿，所以他做了這個報復動作。

只是這個動作恐怕是不好的，畢竟其中隱約有著仇恨的心態，很多時候我們便是因爲從偏頗的角度切入，或是認知出問題，而不斷重蹈錯誤，也不斷讓自己陷入困境之中！

好像第一個故事中的邁克，以錢爲重卻不以孩子的安全爲念，帶給孩子們的價值觀又豈會是正確的？

又如第二個故事中的約翰，社會現實本屬正常，房東畢竟是在商言商的，與其情緒性報復，讓自己滿心怨恨，不如試著安撫自己，或者告訴自己走出這裡將會看見不一樣的新天地，這樣不是比較積極正面嗎？

生活無法十全十美，即便堅信人性美善，也還是會遇上有心人計算，只是無論環境如何，也不管呈現於你我面前的現實人性如何，最重要的還是我們自己怎麼想、怎麼做。

只要我們不偏取怨憤角度，能小心糾正自己的觀念價值，我們自然能走出一個沒有埋怨也安全無慮的人生。

兩則故事很簡單，卻足以讓人深入思考，畢竟現實中的人性泰半如此，許多人經常受困其中，該怎麼用健康的心態走出這樣的困境，有待我們冷靜反思。

英國有句諺語說：「處順境時必須謹慎，處困境時必須冷靜。」的確，在困境中保持冷靜是所有成功人士必備的智慧。冷靜是突破困境的最高智慧，可以讓自己頭腦清醒，不至於進退失據、患得患失。

聰明的人都知道，人生路是由自己的雙腳走出來，到底是走向陽光還是灰暗，全看你我怎麼選擇。

輯11.

懂得幽默回敬，才算真正聰明

處世要能多元運用，
待人接物也要能多變通，
畢竟人是多樣的，面對不同的人，
要有不同的對待方式。

身段柔軟並不丟臉

幽默地承認自己的錯誤吧！低頭道歉並不丟臉，身段越柔軟，我們越能擁有和諧的人際交流與合作關係。

在某個法庭上，法官詢問被告說：「你不但偷錢，還拿了人家的手錶、戒指和珍珠項鍊嗎？」

被告相當冷靜地點頭回答說：「是的，法官大人，因為人們經常這麼對我說：『光是有錢並不會得到幸福的。』」

的確，不是有錢就能買到幸福，換句話說，我們可以這麼譏諷小偷：「眞正的幸福是偷不到手的。」

犯了錯就是犯了錯，理由再充裕、藉口再多也無法掩飾，更何況眼前呈現的是不爭的事實，應負的責任更避免不了，就像下面這一則故事一樣。

有一天，田裡忽然出現一隻很兇猛的狗，朝著一名農夫直撲過去。農夫見狀，隨手舉起手中的叉子回擊，沒想到惡犬竟一頭叉了進去，鮮血直流，不一會兒便死去了。

後來，狗主人知道狗是農夫殺的，便提出告訴，要法院還自己一個公道。

「法官大人，他叉死了我的狗，您一定要重判他！」狗主人氣憤地說。

法官看著被告，問道：「你為什麼不把叉子倒過來呢？如果你能用沒有鋸齒的那一頭來回擊，不就沒有事了？」

農夫滿臉無奈地說：「法官大人，如果當時那隻狗是倒著向我撲過來的話，我一定會那樣做。」

從這則幽默故事中，你看見了什麼道理？

無論自己抱持的理由多麼正當，在處理事情時，我們始終得就事論事，不能感情用事。

換句話說，在處理人和事時，絕不能將不同的事物混爲一談，否則很容易偏離問題的核心。

法官問勃拉溫：「先生，你是不是經常對著自己養的狗叫喊『施密特』？甚至還經常對著狗說『喂！施密特，你這個大壞蛋』？你知道嗎？這種行為，很明顯地侮辱了你的鄰居施密特先生。」

沒想到勃拉溫卻抗議道：「法官大人，您誤會了，我這樣做，其實是想羞辱一下我的狗。」

勃拉溫提出的理由，其中滿滿的情緒化回應，直接證實了他確實有心譏諷鄰居。又像農夫以叉子殺死惡犬的情況一樣，雖說是爲了自衛，但終究殺死了狗。既然有錯在先，自當負起責任，不要一味強辯。

延伸這些故事的寓意，便是要告訴我們，凡事要能勇於認錯，無論當時的背景情況如何，也不管當下有多麼強而有力的理由，結果是錯的，就不必多找藉口，先承認自身有錯在先最重要。

就好比第二則故事中的農夫，如果他能在第一時間承認：「是的，我殺了您的狗，請原諒我。」也許，對方會因爲誠懇的態度而選擇原諒，願意理解並包容農夫一時慌亂失手的結果。

眼前，你有難解的人際問題嗎？

何不反求諸己，仔細想一想是否自己有錯在先，再試著鼓勵自己勇於承擔錯誤？

幽默地承認自己的錯誤吧！低頭道歉並不丟臉，身段越柔軟，我們越能擁有和諧的人際交流與合作關係。

多用微笑，應對進退更美妙

幽默的人比較受歡迎，無論在什麼環境中，我們無時無刻都會與人接觸，而這些人會是阻礙還是助力，端看我們怎麼面對，又是怎麼看待。

只要試著用幽默的心情面對讓自己氣不停的事情，生活中那些不順心意的事情就能冷靜面對，更能微笑加以解決。

走在人生路上，懂得幽默的人，總是可以巧妙戰勝一切困境。

愛看偵探劇的漢克，很喜歡緊盯著表演內容，猜測誰才是真正的兇手，不管是演員們的台詞，還是戲劇進行時的可能伏筆，他都會極其用心且細心地記下並思考。

這天，他跑去看一齣名叫〈街角謀殺案〉的偵探劇。服務生引著他到座位上時，台上的戲正巧開演。

這時，已經準備投入觀戲的漢克，卻聽見服務生問：「先生，您對這個座位滿意嗎？」

「滿意，謝謝！」漢克匆匆回應。

「好，那讓我把您的帽子送到衣帽間吧？」服務生說。

「不用，謝謝！」漢克不耐煩地揮揮手，示意要他離開。

但不知道為什麼，那服務生似乎不明白漢克的意思，緊接著又小聲地問道：「需要節目單嗎？」

「不！謝謝！」漢克壓抑著情緒回應。

「這裡有送劇照！」服務生拿出劇照給漢克。

「謝謝！」漢克接過後，禮貌地回應。

「要不要望遠鏡？」服務生問。

「不！」簡短的回應，顯見漢克的情緒已一觸即發。

但這服務生完全感受不到，只見他一會問漢克要不要餅乾，一會又問他要不要喝香檳。

劇情漸進高潮，漢克被這服務生搞得完全無法專注觀戲，於是又氣又急地回了一句：「什麼都不用了，你快給我滾！」

殊不知這服務生原來是在等待小費，當他發現漢克根本不想給後，當即想出報復方法，只見他伸手指向舞台中央，然後在漢克耳邊恨恨地說：「凶手就是園丁！」

如此情緒化、毫無幽默感的回應，你覺得好嗎？

爲了拿到小費，讓服務生失去專業素養，這其中影響到的不只是他個人，還包括了對公司劇院形象的傷害。

身爲服務生卻惡狠狠地剝奪了客人的推理樂趣，相信沒有人會給這樣的服務肯定的聲音，畢竟服務業本該以客爲尊，過份的情緒表現只會讓人看見從業者的不適任，以及修養不足。

也許有人會覺得，服務生的出發點只在爭取自己的權利，並沒有錯，但方法有很多種，聰明的人可以有更聰明的選擇，以及幽默的做法，好比下面這位空姐的表現。

從紐約飛往日內瓦的班機上，有個男子不斷地戲弄、騷擾一名女空服員。

儘管其他人都認為錯在那名乘客，但這名女空服員仍然很敬業且專業地服務，甚至非常耐心地回覆他一再提出的無理要求。

突然，這名旅客對著她咆哮起來：「妳是我所見過的空服員中，理解力最差的一個。」

女空服員聽了，一點也不生氣，帶著微笑說：「謝謝批評，請相信我，您是我所遇見的乘客中，最可愛的一位。」

女空服員說完之後，正準備離開，忽然轉頭送給男子一個很甜的微笑，跟著補充了這麼一句：「不過，也有可能我們都弄錯了。」

不必怒顏以對，不必惡言出口，微笑地反問回應，也幽默地引導反思，極其漂亮地爲自己爭回面子與尊重，不是更好嗎？

服務業原本就是以客爲尊，但人原本就多元且不同，所以聰明的服務者不會只套用一種公式，而會靈活地視當下情況變通，以爭得最好的口碑。

別讓壞情緒綁架自己，不管是服務工作也好，或著是在其他崗位上，都應該懷抱柔軟的工作態度，因爲無論在什麼環境中，我們無時無刻都會與人接觸，而這些人會是阻礙還是助力，端看我們怎麼面對，又是怎麼看待。

工作環境是修煉自己的最佳場所，在工作場合中來來去去的人都會是我們的對手，但也都會是你我的貴人，能讓我們體驗多元的人與事。

所以，面對各式麻煩的人事時，應該先學會控制自己的情緒，再微笑應對或應付，然後慢慢地，你會發現，原來顧客或老闆、同事，就像一群大孩子，一點也不難哄騙。

現在，讓我們一起感受幽默的趣味與魅力。

適度諷刺不肯付出的人

對於那些不肯付出只知坐享其成的人，我們要逼著他們改正錯誤的生活態度，不應該一味地施予。

某處村莊，有很多懶惰的流浪漢常在街上乞討，他們不打理自己，也不工作賺錢，總是厚著臉皮伸手向人強索東西，百般無賴地向人追討。若是人們不給，他們便不放手讓對方離開，即使罵他們打他們，他們也一點都不在乎。

其中有個乞丐一天到晚到朱哈家光顧，這天，他又來敲門，朱哈走了出來，一看見又是那個流浪漢，不禁板起面孔，冷冷地問道：「你來幹什麼？」

看見朱哈的冷眼，流浪漢忽然臉色一變，以非常嚴肅正經的口氣說：「我是真主的客人。」

「原來是真主的客人，請跟我來。」朱哈說完，便要流浪漢跟著他走。

兩個人就這麼一直走到附近的一間清真寺門口，接著，朱哈轉身對著流浪漢說：「真主的貴客啊！這裡才是真主的家。」

好逸惡勞的人鮮少懂得自制自律，就算來到眞主面前，到底有多少人能眞正醒悟，又是另一個疑問。

其實，人們之所以走上歧路，多是因爲不肯付出辛勞，不願用自己的勞力換取所得。

朱哈的舉動雖然表達了嘲諷，可是看著犯罪率居高不下也不是辦法，我們應該想個更積極的對策來解決問題。

據說曾有某個地方的犯罪率一夕之間劇減，這個情況讓不少人感到好奇，各界在仔細探究之後，終於查出原因。

原來，當地的監獄貼出了這樣一則公告：「舉凡因為犯罪或有犯罪嫌疑而送入本處所者，從今日開始，食宿費用一律自行負擔。」

看到這則公告，你是否會忍不住鼓掌叫好？

曾經聽過這麼一則笑話：有個中年男子到某間便利商店偷東西，但是他和一般竊賊不同，拿了東西之後沒有立刻逃跑，反而坐下來，慢慢地把東西吃完，安靜地等著警察出現。

警察看見他後，第一句話竟是：「怎麼又是你啊？」

原來，不肯用心找工作的中年男子，認爲獄所裡有住有吃，吃不了苦的他爲了再過「好日子」，便再度犯罪。

將這則笑話與前段事例相連結，似乎找到了一個可行的犯罪防治法。

權利義務要平均分擔，對於那些不肯付出只知坐享其成的人，要逼著他們改正錯誤的生活態度。

我們不應該一味地施予，而要杜絕乞者的貪婪索討，然後更進一步建立他們積極生活的能力與自信。

懂得幽默回敬，才算真正聰明

處世要能多元運用，待人接物也要能多變通，畢竟人是多樣的，面對不同的人，要有不同的對待方式。

培根曾經寫道：「無論你怎樣表現自己的情緒，都不要做出任何無法挽回的事！」

不懂得控管情緒，動不動就發怒，是所有失敗者的特徵。抱怨、指責、批評……這些「情緒炸彈」經常造成傷人又傷己的下場，何不用幽默的心情因應？

在好萊塢的某座片廠內，一名女明星和導演大吵了起來。

只見女明星歇斯底里地對著導演大吼大叫：「你處處都在針對我，我知道你討厭我，恨不得我趕快去死，然後好對著我的墳墓吐口水，對吧？」

「放心，我沒那閒工夫去排隊。」導演冷冷地回答。

這名導演漂亮地反唇相譏，幽默且犀利，譏諷得女明星無話可回。

遇到強勢又無理的人，常有人選擇沉默離開，或許這是避免無謂爭吵的唯一辦法，但是，碰上那些會順勢軟土深掘、得寸進尺的人時，唯有用幽默的方式適度反擊，才不致於使自己成爲一再被欺壓的目標。

在英國，人們聽見喬治・傑佛里斯的名字，無不露出厭惡的神情，因為他經常做出慘無人道的判決，讓許多人深感不滿。

這天，他怒目對著一名犯人，並以手杖指著他說：「你這傢伙！要知道，我的手杖指的一頭，必定是個惡棍。」

沒想到犯人竟揚起了下巴，直直地盯著傑佛里斯的眼睛，說：「大人，請問您指的到底是哪一頭啊？」

你認爲是哪一頭呢？

我們常說惡人無膽，是因爲他們一遇到比自己更兇狠的人，便逃得比誰都快。所以，碰上有心機的人，我們其實不必太擔心遭人計算，因爲無論怎麼算計，還是會出現遺漏與盲點。若想給對方一個教訓，只要耐心尋找，必能找出其中死穴，伺機反將一軍。

也許有人會質疑，處理現實生活中的這些麻煩時，沒必要凡事硬碰硬。確實，我們當然可以避免，只要你看得開，而且懂得一笑置之。

若心中感覺到不滿、憤怒，適度反駁回擊其實並不爲過，因爲確實會有人是吃硬不吃軟，不適時回敬，便認定你是個好欺負的人而得寸進尺。

聰明如你，一定知道處世要能多元運用，待人接物也要能多變通，畢竟人是多樣的。面對不同的人，我們要有不同的對待方式，唯一要遵循的宗旨，就是幽默的態度。

用幽默的方式表達自己的意思

幽默的表達方式不是只為了找出答案，更富含了我們的生活態度。活絡自身的思考智慧，才能得到趣味的人生。

多聽聽別人怎麼說，多看看自己怎麼想，生活重在思考與活化。只要我們能經常動腦，即使思路誇張得讓人無法置信也無妨，因爲當中必能引出其他智慧巧思。尊重別人的思考邏輯，也應多肯定自己的思考道理，只要一切目的是朝向正面積極的意義，任何想法都有獨特價值。

老師指著某個學生說：「來，你舉一個文盲的實例，說說怎樣叫文盲。」

同學想了想，說：「嗯，比方說，如果蒼蠅不是文盲的話，就不會一再飛向那些明明寫了『滅蠅』字樣的膠紙上了。」

雖然有些亂掰硬湊，但這答案的思考其實也算有理，正因爲牠們讀不懂文字，所以一再地誤入陷阱。那麼，擁有學習文字語言能力的我們，是否懂得更積極珍惜這一切，更加努力呢？

舉例要能讓人明白，才能得到事半功倍的效果，好像下面這位教授的創意舉例，不只幽默有趣，且讓人一聽便懂。

一位頗有幽默感、精通印刷的教授，為了使學生瞭解「鉛印」和「影印」這兩種基本印刷方式的不同，特別做了一個簡單的示範。

他先請班上一位女學生到講台前面，然後對她說：「同學，麻煩妳在唇上塗口紅，然後親吻我。」

女同學依言配合，接著，教授指著臉上的紅色唇印，說：「嗯，同學們，這就是鉛印。」

接下來，他從口袋拿出一條白色手帕，將臉上的唇印轉印上。「你們看，這就是影印。其實與鉛印的效果差不多，不過很顯然的，過程乏味多了。」教授笑著解說。

轉個彎思考，想讓人明白道理，想避免溝通障礙，便要懂得聰明幽默地舉例，讓他人清楚明白你想表達的意思，如此不只有助於搭起彼此間的溝通橋樑，更能避開擔心的溝通誤會。

再更進一步思考，影印就像人與人之間的溝通，一味地轉印，最後必會印不出清楚的圖片文字，此時若是不能確實將問題找出修正，便會造成錯誤，帶來不必要的傷害。

所以，幽默的表達方式不是只為了找出答案，更富含了我們的生活態度。活絡自身的思考智慧，才能得到趣味的人生。

幽默將兩性距離更拉進

聰明幽默地活用生活之道，你我想要的幸福家庭，你我渴求的幸福伴侶，一定能時刻陪在身邊。

男人害怕女人嘮叨，女人苦惱男人不體貼，各有各的擔心，也各有各的煩惱不滿。然而，仔細思考其中存在的問題，不過是不懂得爲對方著想罷了。

男人想要女人不嘮叨，只需要多付出一點體貼的關心，至於女人們，若想男人多一點體貼，該試著少開口，沉默地給他一個深情的眼神，想要的溫柔回應必然轉眼可得。

哈利夫婦正在河邊釣魚，由於哈利夫人不會釣魚，只好坐在一旁，不斷地對著先生說話。

不久，哈利先生釣起了一尾魚，在此同時卻聽見哈利太太這麼說：「唉，這魚真可憐！」

哈利先生聽了，翻了翻白眼，無奈地對著魚兒說：「是啊！要是你肯閉嘴，那就沒事了。」

聽了哈利先生的幽默回應，不知讓你得到什麼樣的啓發？

在這個帶黑色幽默的回應中，我們看見了夫妻之間常見的相處問題——缺乏對彼此的體貼心意，造成了埋怨、不滿。

不妨再看看下面這個例子，然後繼續思考，必定更能明白問題所在。

有天，妻子對丈夫說：「親愛的，聽說男人禿頭，是因為用腦過度，你覺得是這樣子的嗎？」

男人點了點頭，回答說：「當然是呀！妳想想，女人為什麼不長鬍子呢？正是

因為女人們整天喋喋不休，讓下巴運動過度的緣故！」

男人總說女人嘮叨，也害怕女人嘮叨；女人總說男人冷漠，更擔心遭男人冷漠對待。看似全是別人的錯，實則問題根源出在自己的身上。

例如哈利先生的故事，知道妻子不會釣魚，丈夫若懂得體貼，便應當詢問對方的需要，爲她安排適宜的休閒活動，那麼妻子的嘮叨自然停歇，兩個人之間也自然會因爲多了一份體貼心意，而更見感情增益。

同樣的，女人若期望男人熱情回應，也要知道男人喜歡與不喜歡的事，就喜歡的事多給予支持鼓勵，並減少他們不喜歡的情況。體貼地明白丈夫的心中盼望，聰慧地扮演好另一半的角色，他們自然會懂得回饋以熱情與疼惜。

其實，兩個人相處的道理並不深，我們常聽見的，總是那幾個簡單道理。只要能聰明幽默地活用生活之道，你我想要的幸福家庭，你我渴求的幸福伴侶，一定能時刻陪在身邊。

不要讓真話變成傷心話

別忘了培養一顆包容與關懷的心，只要習慣了相互尊重，即便迷糊、酒醉，脫口而出的真心話也會是美麗的讚美。

「親愛的，你幫我想一想，我這次化妝舞會要怎麼打扮才不會被人發現，你覺得是戴面具好呢？還是戴面紗就好？」蘇菲問道。

馬丁說：「親愛的，不用那麼麻煩啦！妳只要不戴假髮，不化妝，不畫眉……就沒人能認得出妳啦！」

談及夫妻相處之道，各方人士總有說不完的方法、技巧，只是，若要人們直接參與調解，大多數人常會面露難色，畢竟這世間最難解的便是夫妻問題。

譬如，有些讓旁人感覺傷和氣的鬥嘴動作，事實上卻可能是他們培養感情的方式，而看似感情和睦的兩個人，也許關起門總是吵翻天。

看著老公冷言嘲諷，或許老婆大人早氣得面紅耳赤，但日常生活中，像這樣關起門的玩笑話其實很平常，與其四處投訴枕邊人的嘴壞，親愛的老公老婆們不妨一笑置之；與其相信對方充滿惡意，徒讓自己煩悶不悅，不如學會輕鬆看待，或者更能讓兩個人多一些甜蜜逗笑的時光。

人與人之間的相處也是如此，不把人心偏執於惡的一面，不把身邊的另一半視爲眼中釘，如此，再難相處的人也能成爲你我的良朋益友。人的心念很重要，只要不抱持否定態度，心裡自然會充滿美善。

反之，心裡潛藏著的若是否定態度，那麼我們便會時時在不經意間說出心中「眞話」，並帶出一句又一句「傷心話」，好像下面這個故事。

馬莎的老公是個大酒鬼，幾乎天天都是醉醺醺地回到家中，然後再一路跌跌撞撞地走進臥房中。

「這死鬼！」這天，馬莎又被老公吵醒了，氣得連聲咒罵。

轉念一想，她決定給老公一個教訓，那就是：「裝鬼嚇一嚇他！」

萬聖節這天，馬莎找來一件魔鬼穿的衣服，然後躲在老公必經的路途上，心想：「把你嚇破膽，看你以後還敢不敢喝酒。」

「喂！」當她老公出現時，她立即從樹後跳了出來，並舉起長叉指向他。

然而，她老公根本沒被嚇到，反而輕鬆地招呼著：「嗨，你是誰啊？」

馬莎壓低了聲音說：「我是魔鬼！」

沒想到聽到這一句話，馬莎老公竟開心地說：「喔，原來是魔鬼啊！來來來，快跟我一塊兒回家，你知不知道，我已經把你妹妹娶回家啦！」

要評論馬莎夫妻誰是誰非，恐怕難有客觀標準，畢竟從馬莎的角度來說，她有無法忍受的苦，但她的老公也有難解的慾望，卻不見兩個人好好溝通，夫妻關係最後當然變成「整人遊戲」。

把這兩對夫妻間的問題延伸思考，我們不難得出一個道理，夫妻相處是人際互動的一種，許多與人相處的基本道理也十分適用於夫妻之間，甚至更適用於這些親密愛人身上，像是包容寬恕、尊重謙讓、關懷溝通……等等。

別說自己做不到，也別以爲兩個人如此親密就可以省略！

想讓夫妻之間少一點爭執，或讓自己的人際關係更進一步，別忘了把心打開，更別忘了培養一顆包容與關懷的心。只要習慣了相互尊重，即便迷糊、酒醉，脫口而出的眞心話也會是美麗的讚美。

輯12.

愛說大話，小心自打嘴巴

不管是在什麼情況下，
都要知道有幾分本事才說幾分話，
不管是否為了因應壓力或機會需要，
待人處世都應該要實實在在。

學會聆聽，尊重不同的聲音

人跟人之間本來就有許多溝通意見的時候，學會尊重別人的說法，才能在起爭執時，及時緩和情緒，然後攜手共創夢想的和諧世界。

作家雷普利爾曾經這麼說過：「幽默會帶來悟力和寬容，冷嘲熱諷則帶來深刻而不友善的理解。」

不要讓情緒左右自己，當別人的想法與自己不同時，何不先靜下心來聆聽？人不能只活在自己的世界中，一味以自己的眼光看待別人，而要懂得尊重各種不同的意見及聲音。如此，才不會主觀、狹隘的認知困住。

支持素食的人說：「我是個素食主義者，我認為宰殺動物是非常野蠻的行為，所有肉食主義者根本都是野蠻人。」

肉食主義者則頗不以為然地說：「是嗎？那你不覺得你們也很殘忍嗎？仔細想想，吃素的人不是都在跟動物們搶奪食物嗎？」

到底吃素好，還是懂得享受人間美食才正確，向來都是公說公有理、婆說婆有理的爭論。其實，像這類爭執的起因只有一個，那便是說話的人只站在自己的角度思考，不會站到別人的角度去看事情。正是因爲這樣的「對立」，以致於讓人們越鬥越偏激，完全走不到能有共識交集的時候。

想想，兩個人爭得面紅耳赤，眞能覺得有快感的人恐怕不多吧？又何必非得要對方接受並照著自己的意思走呢？

前蘇聯的斯坦尼斯拉夫斯基和德國的布萊希特，是當代著名的實力派表演者，雖然名氣不相上下，但兩個人卻有著差異極大的戲劇觀和表演特色。

據傳，義大利有個專演反派人物的著名演員，曾在莎士比亞的名劇《奧賽羅》

裡扮演一個大壞蛋，由於演技逼真到了極點，有一位觀眾因太過入戲，竟當場舉槍將這名演員槍殺在舞台上。

這名演員的戲迷不少，人們為了悼念這位演員，特地集資幫他建造了一座非常華麗的墳墓。

有一天，斯坦尼斯拉夫斯基來到這座城市訪問，當他來到這個演員的墓地悼念時，還為死者另豎了一塊碑，上面刻著：「某某某，世上最好演員之墓。」

過了幾年，大師布萊希特也到此一遊，聽完人們解釋墓中死者致死的原因後，卻認為該名演員不是個好演員！

「因為，他沒有藉由表演來批判那個角色，反而讓觀眾們著了迷，失了理智，這怎麼是個好演員呢？」布萊希特說。

之後，他也在斯坦尼斯拉夫基的碑旁另立了一個碑，上面則這麼刻寫：「某某某，世界最差演員之墓。」

這便是兩大戲劇名人在現實生活中最眞實的「對台戲」！兩位大師的立碑因爲

切入的角度不同，也因爲對工作的態度不同，所以我們會看兩種不同的評語。其中，並沒有對錯之分，有的只是不同人在處世態度上的不同罷了。

我們也許可以從他們兩人立的碑來判斷，斯坦尼斯拉夫斯基應是個樂觀開朗的人，在觀看所有人事物的時候，總習慣以「正面」的角度去思考，所以願意給這名無辜犧牲的演員一個肯定。

至於希萊希特，想必是個極其嚴肅的人，考慮事情總是帶點鑽牛角尖的態度，所以會覺得這演員若能聰明表現，便不至於無辜喪命。

其實，無論是好聽的讚美詞，還是難聽的責備話，兩個人立碑的動作，都同樣表現了對該名演員的惋惜！

換個角度說，不要老把不同的意見視爲必然的「對立」，甚至相信「爭執」必因此而起，人跟人之間本來就有許多溝通意見的時候，多一點不同想法分享，並學會尊重別人的說法，才能在起爭執時，及時緩和情緒，也聰明退讓一步，懂得互相以尊重爲基礎，然後攜手共創夢想的和諧世界。

各退一步，心裡更舒服

凡事都各退一步吧！如果連面對最愛的人都缺乏幽默應對的智慧，不肯給予包容的心，試問，又如何能擁有幸福生活？

一名婦女在下車時，不小心被公車門夾傷了右手食指，氣得控告司機謀殺，還要向客運公司索賠一百萬元。

律師聽完婦人的說明，忍不住說：「太太，只是一根手指頭受傷，恐怕無法要求他們給那麼多錢啊！」

婦人怒吼道：「誰說這只是一根手指頭！你知不知道，這隻手指可是用來指揮我丈夫的呀！」

想像婦人對著丈夫頤指氣使的模樣，再配上食指怒點的動作，想必讓不少人禁不住莞爾。

一如故事中的引導，我們也發現到，男人女人之間的互動，實在難有一個好的平衡點，不是男人讓女人傷心，便是女人讓男人傷腦筋，似乎在所有人際互動關係中，最難解的便是兩性之間的問題了。

只是，說難解還是得解決，畢竟兩個人若想一起走下去，總還是得把情緒丟開，不然，像下面的小馬一樣，又如何能得到幸福的完結？

「唉！我的狗狗竟然跑了，我真是傷心死了。」小馬難過地說道。

鄰居聽了，皺著眉問：「小馬先生，就我所知，你老婆出走時，你也沒這麼激動啊！」

小馬聽了，氣憤地說：「你懂什麼！要知道，我老婆的脖子上可沒掛那三枚國際展覽會的獎章啊！」

聽著小馬嘲諷著老婆不如狗，看似氣憤難平，其實隱約還是帶著一點想念的情緒。若不是「很在乎」，情緒便不會紛起，不是嗎？

否定的話雖然傷人，但正因此更讓我們明白，男女情愛的糾結很難用表面情況來解析，即使旁人想插手幫忙，也很難成爲好的調停人。

畢竟，若是兩方的心結不能解開，再多的分析、拉攏也只是徒勞。

笑看第一個婦人的賠償理由，也笑看小馬的價值比較，我們必能輕鬆地解開男人女人的癡迷。

不如凡事都各退一步吧！如果連面對最愛的人都缺乏幽默應對的智慧，不肯給予包容的心，試問，又如何能擁有幸福生活？

所以，別再爲了面子硬撐了，把食指收回，把醜話回收，只要兩個人各退一步，我們便會立即發現：「原來，看似棘手的夫妻關係，其實是人與人之間最容易學習的課題。」

愛說大話，小心自打嘴巴

不管是在什麼情況下，都要知道有幾分本事才說幾分話，不管是否為了因應壓力或機會需要，待人處世都應該要實實在在。

一個人的情緒狀態，往往影響著本身的生命能量，也左右著自己如何面對周遭發生的大小事情。

一旦遭遇緊急狀況，如果不能控制自己的情緒，那就很難運用正向的思路解決問題，這時候所說的話語，所表現出的舉止，只不過是自欺欺人。

旅館傳來陣陣警鈴聲，有人呼叫著：「著火了！」

不一會兒工夫，住宿的旅客紛紛從門口跑了出來。

這時，有一名男客人走進人群中，並且一派自若地說：「嗨，你們別慌張啦！想我聽見失火時，還能慢慢地從床上起身，並且為自己點上一根煙，跟著泰然自若地穿上衣服。其實，我原本想再打個領帶的，不過後來發現不太適合這件衣服，所以又把它解了下來，然後才慢慢地從逃生口走下來……」

男子說到這裡，停頓了一下，吸了一口煙，然後才又補充說：「各位，你們一定要記住，當危險發生時，千萬要保持鎮靜啊！」

人群中有位房客附和說：「您說得真對！」旋即卻又有另一人補充問道：「但有件事我不太明白，請問，您為什麼沒穿褲子呢？」

面對危機，當然要冷靜理性，但是面臨生死關頭，能冷靜不緊張的人恐怕仍在極少數。

就心理學角度來看，越是緊張的人往往話越多，因爲許多人面對緊張情緒的時候，爲了減少壓力，會找別的事情來分散自己的注意力，其中「說話」是最簡單也最容易紓解的方法。反之，也有些人爲了讓情緒快速平復，會保持安靜，幫助自己能進入冷靜且理性的思考狀態。

在這裡，我們從男子的冷靜詞句與緊張狀態中學習到，話不要說得太快，想冷靜，更需要安靜，不然在情緒化的大放厥辭之後，只會讓自己掉入野人獻曝的尷尬，一如下面這個故事。

有個男子很喜歡向朋友吹噓自己的打獵技巧，更好說自己的高明槍法可與神槍手媲美。有一天，朋友邀他一同去打獵，指著河裡的一隻野鴨說：「那隻鴨子就交給你吧！」

「好，沒問題！」男子自信滿滿地舉起槍，然後仔細地瞄準目標，跟著便是「砰」地一聲。

「啊！」

「打中了？」有人問。

「沒有，鴨子飛走了！」另一個人大聲地說。

朋友們尷尬地你看看我，我看看你，然而這時男子卻厚著臉皮說：「這真是太奇怪了，我還是第一次看見被打中的死鴨子會飛呢！」

好說大話，當然得自己承擔自打嘴巴的結果。這男子爲了守住面子，將謊話硬拗，睜眼說瞎話，只是讓人更感質疑和否定。

人貴自知，不管是在什麼情況下，都要有幾分本事才說幾分話，不管是否爲了因應壓力或機會需要，待人處世都應該要實實在在，少誇誇其辭，如此人們自然會看見你我的眞才實力。同樣的道理，即使本事不足，只要自身不放言高論，也沒有人會大力否定你我的價值。

「大智若愚」的原則沒有人不知道，事實上越是天才獨具的人，越是想隱藏自己的天分。

人生中總會遇到關鍵時候，那時才是發揮才智的最佳良機。若是過度賣弄，讓對手知道了本領，有了早一步防備，想在關鍵時刻扭轉乾坤，恐怕就出現阻礙。不想被人發現自己的弱點，便要懂得收口不說大話的智慧，越想表現冷靜理性，越要有金口不輕易開的聰明。

用幽默的態度讓對方心服口服

想與人溝通或回應問題時，要多一點幽默感，多用點心思來尋找回應或回擊，才能讓對方心服口服。

有位外交官被派到某個小偷橫行的國家，心想：「這裡的小偷真有那麼厲害嗎？我不相信，一定有辦法可以防範他們。」

於是有一天，他在口袋裡放了一個空錢包，並在裡頭裝了一張小紙條，上面寫著這麼一行字：「偷錢包的是豬！」

「我就不相信治不了你們！」外交官得意地心想，這下子肯定能把小偷好好地嘲弄一番。

準備妥當後，外交官獨自上街轉了一圈。在行進間，他很小心地防範著，結果小偷並未光顧，這讓他十分失望。

他頗為不屑地踱步回家，一進門便掏出口袋裡的錢包，並將紙條拿出來準備撕碎扔掉，但是當他拿出紙條時，卻發現上面的字已經被塗改了，寫著：「我今天偷了豬的錢包！」

外交官自以爲能捉弄小偷，卻被小偷反擺一道，由此看來，聰明反被聰明誤的外交官明顯不敵小偷的智巧。

那麼，智巧又該如何獲得？

有一位小提琴家竭盡所能地教育他的孩子，將自己傑出的小提琴演奏技巧和豐富的知識全數傳授給兒子。

他的兒子沒有讓他失望，不僅取得了非凡的成績，也有了傲人的成就。

有一天，小提琴家的老朋友對他說：「知道嗎？你兒子的演奏技巧已經超越了您啊！」

小提琴家滿臉自豪地說：「那是當然的，因為我從來沒有看過一位小提琴老師比得過我啊！」

聰明的小提琴家沒有直接點出自己的功勞，而是先讚美孩子的成就，接著幽默地帶出幕後功臣，導正了朋友的否定。

換個角度說，他的意思可解讀爲：「不必大剌剌地脫光讓人看見，也不必刻意設計讓人發現，聰明借助其他事物或方法來證明自己的能力，反而更能換得人們的信服與肯定。」

好像第一則故事一樣，想擺人一道，最好的方法是不動聲色。在嘲弄對方前，得先知道對方的行動計劃，而不是毫無準備就直接上場，否則只會讓人看見你性格急躁的短處。

想與人溝通或回應問題時，我們要多一點幽默感，多用點心思來尋找回應或回擊的好時機，如此才能讓對方心服口服。

童言童語常常是幽默妙語

把心靈回歸童心，無論外在如何催眠，不管外面世界如何變化，始終要像孩子一樣，幽默地面對真實的自己。

人生最大的智慧就是抱持著赤子之心，幽默地看待生命中的各種意外，面對生活中的一切不順心意的事情微笑面對。

教堂裡，小麗莎舉手發問：「請問牧師先生，如果我是個好女孩，將來一定能到天國嗎？」

「當然，我的好女孩一定能到天國。」老牧師說。

「那我的貓咪怎麼辦呢？牠會跟我去嗎？」小麗莎又問。

「不能，我的好女孩，貓咪沒有靈魂，牠不能到天國去。」牧師說。

「那麼我院子裡的那些牛呢？牠們能到天國去嗎？」小麗莎又問。

牧師微笑著回答說：「不能，我的好女孩，牛也不能到天國去啊！」

小麗莎聽了，又問：「這麼說，我每天都得跑到地獄去擠牛奶囉？」

在孩子的想法裡，世界就是這麼簡單，他們無法想像地獄天堂與現實世界的差別，就算我們說天上的雲是棉花糖做成的，他們也一樣會快樂地相信。

也因爲如此單純簡單，在孩子們的童言童語中，除了能聽到讓人莞爾的可愛話語，偶爾還能讓我們領出一些幽默對答的智慧！

小女孩莎莎這天第一次和家人一同到教堂做禮拜，在教堂內，她比所有大人都還要興奮有精神。

結束後，祖父問她：「莎莎，妳喜歡不喜歡做禮拜啊？」

小女孩先是點了點頭，跟著嘟了嘴，然後很正經地下評語：「嗯，還算喜歡，因為他們的音樂很好聽。不過，爺爺，你不覺得台上偶爾出現的那個人，『廣告時間』太長了嗎？」

非常有趣的評論，可愛、坦白、直接之中，又帶著一絲幽默，值得我們遇到類似情況時借用。

宗教世界的儀式典禮之中，無一不是歌頌信仰的神，宣揚神的美好與神奇，整場不是說神的仁慈，就是大談神蹟，除此之外，反倒很少聽見讚揚那些默默發揚仁愛之心的活菩薩。

那麼，即使眞的到了天堂又如何？最後得下地獄又如何？無法預知的未來，想再多也無用。既然活在現世，本來就要好好珍惜當下。

想想才剛誕生的新生兒，怎麼懂得什麼神蹟？孩子的成長過程，又哪裡需要神奇的魔法幫助？

就像把牧師佈道的時間解讀爲「廣告時間」的莎莎，對她來說，做禮拜若能像參加派對一樣快樂歡喜，或許更能吸引她吧！

看似童言無知的回應，很多時候其實更引人深思。

對小麗莎來說，倘若真的有天堂地獄，死後一樣是「生」，那麼，那些生活在世上時的現實問題不也一樣存在？因而看在她眼裡，牛隻會在哪兒出現才是最重要的。

從這類帶點嘲諷宗教意味的幽默故事中，我們更清楚明白，宗教信仰重在心靈寄託，過分要求信仰的喜好或忠誠，迷信神力，都只會讓人迷失了自己，失去了自己的主體意識。

童言童語常常是幽默妙語，無論信仰任何宗教神佛，都要把心靈回歸童心，無論外在如何催眠，不管外面世界如何變化，始終要像孩子一樣，幽默地面對真實的自己。

孩子們的未來決定於現在

完全富足的生活供需，向來不是成就成功未來的最好支持，觀念正確的教育傳遞，才是幫助孩子成就未來的重要根基。

典獄長對一位老囚犯說：「喂！你待在這兒四年了，怎麼從未看見你的兒女來探望？他們對你真是太無情了！」

囚犯揮了揮手，十分體諒地說：「不，這真的不能怪他們！他們誰也不能離開牢房一步，又怎麼能來探視我呢？」

聽到這名囚犯這麼「幽默」的說詞，想必你也會感到啼笑皆非。再深入一點探討他的話中之話，聰明的人早想到了「上樑不正下樑歪」這句真理。看似幽默體諒親友無法到來的理由，實則道盡了家教失敗的結果。

笑看囚犯的自我調侃，深省生活的各種面向，在這裡不得不提醒大人們，不要用你的情緒教育孩子。

因爲，相較於故事中囚犯的情況，有更多的孩子其實是在看似建全的家庭中，由於家長的價值觀教化錯誤，慢慢地累積了錯誤的生活態度，出了社會之後，自然以錯誤的價值觀處世。

我們需要擔心的正是這一類孩子，看似規矩，看似無害，事實上卻是步步走向背離的方向。即便有人發現，想幫助他們懸崖勒馬，可那根深柢固的偏差認知卻不是一時半刻可以改變得了的，往往要等到他們自己受了重傷後，才知道錯誤所帶來的妨害。

再舉一個經常聽聞的情況，正可說明父母言行對子女的影響。

有位高官的兒子，闖紅燈被警察攔下來。

只見他高傲地說：「你知不知道我爸爸是誰？」

這名警察聽了，冷笑著回答說：「我只知道你闖紅燈，至於你爸爸是誰，我想你問你媽會比較清楚。」

佩服員警的機智幽默和秉公執法同時，卻也不禁替這個孩子感到憂心。姑且不論家庭背景帶給他什麼樣的態度觀念，光是無視交通規則硬闖紅燈的動作，就充滿著危險，一旦有任何狀況發生，受到傷害的終究是他的家庭。誰料得著硬闖過紅燈後，不會造成一個終生遺憾的悲劇？

再想一想，有多少父母不是載著孩子闖紅燈，或無視應該遵守的秩序，強行插隊、爭搶？或許這些動作很平常，但轉身看著孩子們瞪大了雙眼，不知所措地站在父母身邊，耳濡目染間，他們其實也學會了「違規」與「爭執」，並從此誤認爲這是「正確」的生活態度。

做任何動作之前，請多爲孩子想一想，那不會耽誤我們太多時間。完全富足的生活供需，向來不是成就成功未來的最好支持，觀念正確的教育傳遞，才是幫助孩子成就未來的重要根基。

欺騙自己，傷人又傷己

何必欺騙自己呢？凡事由多面切入思考，也聰明、幽默地進行多元省思，方能為自己找到最坦然誠實的美麗人生。

許多人喜歡用善意的謊言來幫人，但終究不是最好的選擇。

無論善意還是惡意，欺騙都會造成傷害，因爲目的必定是爲了遮掩一個可能被發現的事實眞相。眞相始終存在，我們從欺騙開始，便免不了擔心受怕。

驗票員來了，威爾遜先生這才發現自己忘了帶月票。

於是，他對驗票員說：「我絕不是故意要逃票，請看看我這張誠實的臉，這就是最好的證明。」

「那麻煩你把臉伸過來，因為我的職責是在車票上打孔！」驗票員答。

聽著驗票員幽默回答的同時，也讓人禁不住省思著，人難免會有出錯的時候，即使是無心之過也一樣是過錯。大可不必非得爭執、保證，因為他人看見的是我們眼前所犯的錯，而不是過往的誠信表現。

所以，錯了就錯了，不懂就不懂，不知道就不知道，沒必要誇口知道或懂得。一時欺騙容易，但往後卻得面對或擔心真相被揭開，並不輕鬆。

教授說：「今天，我要和大家講解『什麼是謊言』，關於這方面的問題，我已經在我的一本學術著作《論謊言》中，做了十分詳盡的介紹。」

說完之後，教授停頓了一下，跟著又提問：「有誰已經讀過我寫的這本書？有的請舉手。」

話一說完，許多學生都舉起手來。

只見教授微笑著說：「很好，很好，看來大家對於『什麼是謊言』都有著切身的體會，因為……」

說到這兒他停了一下，然後才接著說：「因為這本書根本還沒出版。」

聽見教授說書還沒出版，想必會讓那些舉手的學生羞愧不已。

何必欺騙自己呢？也許騙得了別人，但最終我們仍得面對心裡的愧疚，再想想，心底擱著這麼一個疙瘩，不辛苦嗎？

人生苦短，有太多東西值得我們學習與面對，每一件事都是累積智慧的關鍵，不容輕忽。

所以，凡事由多面切入思考，也聰明、幽默地進行多元省思，方能爲自己找到最坦然誠實的美麗人生。

幽默的人，不會用壞情緒處理問題

作　　者　塞德娜
社　　長　陳維都
藝術總監　黃聖文
編輯總監　王　凌
出 版 者　普天出版家族有限公司
新北市汐止區忠二街 6 巷 15 號
TEL / (02) 26435033 (代表號)
FAX / (02) 26486465
E-mail：asia.books@msa.hinet.net
http://www.popu.com.tw/
郵政劃撥 19091443 陳維都帳戶
總 經 銷　旭昇圖書有限公司
新北市中和區中山路二段 352 號 2F
TEL / (02) 22451480 (代表號)
FAX / (02) 22451479
E-mail：s1686688@ms31.hinet.net
法律顧問　西華律師事務所・黃憲男律師
電腦排版　巨新電腦排版有限公司
印製裝訂　久裕印刷事業有限公司
出 版 日　2021 (民 110) 年 11 月第 1 版
ISBN◉978-986-389-797-2　　條碼 9789863897972

國家圖書館出版品預行編目資料

幽默的人，不會用壞情緒處理問題／
塞德娜著.—第 1 版.—：新北市,普天出版
民 110.11 面； 公分. - (溝通智典；31)
ISBN◉978-986-389-797-2 (平裝)

溝通智典
31